Dedicado a:

_____

Por:

_____

Fecha:

_____

¡Necesito un Padre!

Es el clamor de millones de
hombres y mujeres alrededor de la tierra

La misión de Editorial Vida es proporcionar los recursos necesarios a fin de alcanzar a las personas para Jesucristo y ayudarlas a crecer en su fe.

NECESITO UN PADRE
Publicado por Editorial Vida – 2007
Miami, Florida

© 2007 Guillermo Maldonado

Edición:
>   Madeline Díaz

Diseño interior y adaptación de cubierta:
>   Good Idea Productions, Inc.

ISBN — 10: 0-8297-5299-4
ISBN — 13: 978-0-8297-5299-1

Categoría: RELIGIÓN/ Vida cristiana / Crecimiento espiritual

Impreso en Estados Unidos de América
Printed in the United States of America

07 08 09 10 ❖ 6 5 4 3 2 1

¡NECESITO UN PADRE!

Es el clamor de millones de hombres y mujeres alrededor de la tierra

GUILLERMO MALDONADO

DEDICATORIA

Dedico este libro al Espíritu Santo, que ha sido mi maestro en el tema de la paternidad y me ha entregado la revelación de quién es el Padre celestial. A mi esposa Ana, que ha sido mi ayuda idónea y la que me ha acompañado y ha levantado mis brazos en los momentos más difíciles.

A mis hijos Ronald y Bryan, parte de mi ser y testigos de lo que Dios ha hecho y está haciendo en nuestras vidas. Queridos hijos, gracias por la compresión que han tenido para entender la necesidad de sacrificar el tiempo con ustedes para trabajar en la obra de Dios. Sé que, al ver el fruto, tienen la convicción de que ha valido la pena, ya que mamá y papá están abriendo camino para que a su generación y a las venideras les sea más fácil continuar con lo que Dios puso en nuestras manos.

También, quiero aprovechar esta oportunidad para dedicarle este libro a tres grandes siervos de Dios, que son de inspiración para mi vida, tanto en el área ministerial como en la personal. Ellos me han ayudado a conocer y a entender más a fondo el tema de la paternidad espiritual: el apóstol Ronald Short, el obispo Bill Hamon y el apóstol Alan Vincent.

¡Bendiciones del Señor!

Guillermo Maldonado
Apóstol / Autor

«Un gran libro de un extraordinario escritor. Doy una cálida bienvenida a ¡Necesito un padre! El Dr. Guillermo Maldonado expone, de forma brillante, lo que considero es una prioridad en nuestra cultura: conocer a Dios en su carácter paternal. Esta obra tiene el potencial para cambiar millones de hogares. Gracias, pastor Maldonado, por este extraordinario esfuerzo literario que recomiendo con todo mi corazón».

Dr. Alberto Mottesi

«Este libro es uno de los más poderosos que ha escrito el pastor Guillermo Maldonado. Creo que únicamente teniendo la revelación del Padre para su vida podrá tomar su herencia. Al comprender cómo es su Padre celestial, sabrá comportarse como su hijo».

Dr. Cash Luna

Contenido

Introducción

¡NECESITO UN PADRE! es el clamor de miles de millones de seres humanos alrededor de la tierra; es el clamor de hombres y mujeres, ancianos y jóvenes en la iglesia, en los hogares, en las grandes empresas y en toda la sociedad. Hay muchos hijos naturales y espirituales huérfanos que están clamando: ¡Necesito un padre! Muchos de ellos se encuentran solos, sin propósito, sin dirección, sin destino, sin saber de dónde vienen ni para dónde van. El anhelo del corazón de Dios es brindar su paternidad a través de hombres con corazón puro que quieran ser usados por él.

Alrededor de todo el mundo hay líderes sin identidad, buscando un lugar cálido donde encuentren un sentido de pertenencia. Estos hombres y mujeres, ungidos de Dios, buscan un padre que crea en ellos, que los afirme y los lleve a su destino.

Sin embargo, hay que tener en cuenta que no cualquiera es un padre espiritual y no cualquier padre es para cualquier hijo. Un padre espiritual es un hombre con el cual se establece una relación por voluntad de Dios, en una unidad sellada por el Espíritu Santo.

1

La revelación
de quién es el Padre celestial

En este primer capítulo, mi deseo es que el Espíritu Santo le revele a Dios a cada uno de mis lectores como su Padre celestial.

La revelación del Padre es una promesa de Dios a su pueblo, cumplida por medio del Espíritu Santo, como uno de sus mayores ministerios para el ser humano. Esta revelación fue el clamor del apóstol Pablo para la iglesia de Éfeso. Fue el clamor del apóstol Juan, no solo para los valientes que conocían la Palabra de Dios, sino también para que los padres conocieran en verdad al Padre celestial; y ahora, sigue siendo una necesidad imperante para cada hijo de Dios.

No obstante, parte del plan de Dios es la restauración de todas las cosas, dentro de las cuales está el devolver la paternidad a su lugar original y apropiado, tanto en la iglesia como en las naciones; este es el sentir del corazón del Padre celestial. En Dios, encontramos todo lo que es masculino y femenino, pues en él está la plenitud de ambos. No obstante, él ha escogido expresarse a sí mismo en función del Padre como cabeza. Dios es un Dios trino, compuesto por Dios Padre, Dios Hijo y Dios Espíritu Santo; y aunque los tres son uno, se manifiestan de modo diferente y tienen funciones distintas.

¿Qué significa ser padre?

Para entender mejor lo que significa ser un padre, vamos a ir primero al origen de la palabra «padre». En el idioma arameo existe la palabra *abba*, que se traduce como *papito*; dando la idea de un hijo que clama: «¡Papito, papito!» en las piernas de su padre, lo cual se usa para expresar una relación cercana e íntima entre el padre y el hijo. Por eso Jesús llamó a Dios: «*Abba*». En el idioma griego la palabra equivalente es *pater*, de donde proviene el término en español patria, que significa padre. No obstante, esta es una palabra que denota respeto a la autoridad, a la cabeza de la familia. Partiendo de estos dos términos, hay dos conceptos grandes acerca del padre que debemos tener en cuenta para saber qué significa ser un padre, y son los siguientes:

❖ El concepto de intimidad
❖ El concepto de reverencia y respeto

La palabra *pater* tiene muchos significados, los cuales revelan cada faceta de la naturaleza de Dios Padre hacia su pueblo. Estos son: fuente, protector, uno que nutre, proveedor, progenitor, iniciador, fundador, autor, creador, maestro, líder, cultivador, generador, transmisor, adiestrador, sustentador, patriarca, organizador, defensor, uno que lleva la carga, estabilizador, uno que endosa, animador, gobernador, mentor y modelo. Cada uno de estos significados denota las cualidades y las funciones que existen en Dios como Padre de su creación y de todos sus hijos. Por tal motivo, él espera que todo hombre que sea padre siga su ejemplo dentro de su familia.

Dios Padre de la creación

Dios escogió ser padre; por ello engendró toda la creación y decidió que existieran los cielos, los ángeles, los animales, los mares, los seres humanos, etcétera. Dios es el padre de Jesús porque este salió de él, pero tal hecho no hace a Jesús menor que el Padre. La Biblia enseña que el padre es un productor, así como el Padre celestial es un productor.

> «Ahora pues, Jehová, tú eres nuestro padre; nosotros barro, y tú el que nos formaste; así que obra de tus manos somos todos nosotros».
> —Isaías 64:8

¿Cómo se manifestó Dios Padre en el Antiguo Testamento?

> «Y respondió Dios a Moisés: Yo soy el que soy. Y dijo: Así dirás a los hijos de Israel: Yo soy me envió a vosotros».
> —Éxodo 3:14

Cuando Moisés le pregunta a Dios en nombre de quién va a presentarse ante Faraón para sacar a su pueblo de Egipto, Dios le da su nombre propio: «Yo soy el que soy», el cual traducido al hebreo es «Yahwh», que significa: uno que existe por su propio deseo de vida. Se trata del verbo «ser», que implica las conjugaciones en pasado, presente y futuro. Dios dice: «Yo soy el que era, yo soy el que soy, y yo soy el que será siempre».

¿Quién es Dios Padre?

Dios Padre es el ser que tiene vida en sí mismo y existe por su propio deseo de ser; no necesita de nada ni de nadie para sostenerse, por eso es que puede dar vida y sustentar a todo ser humano. El hombre sí necesita a Dios para existir y vivir, porque él es el que le da aliento de vida; sin Dios el hombre no puede existir.

Cuando alguien usa los recursos de otro para subsistir, entonces ya no puede ser Dios. Si hay alguien que se llame Dios en esta generación, tiene que ser capaz de subsistir por sí mismo; y usted y yo sabemos que no existe ningún ser humano en este mundo ni tampoco un dios que subsista por sí mismo, solo nuestro Padre celestial. Él es el único Dios verdadero, creador de los cielos y la tierra. En el Antiguo Testamento, Dios se manifestó al prometer desde antes de la fundación del mundo que, cumplido el tiempo, mandaría a su Hijo Jesús para que manifestara su paternidad. La razón por la cual enviaría a Jesús es que, para hacer legal esta promesa en la tierra, tenía que llevarla a cabo por medio de un hombre con un cuerpo físico, pero limpio de todo pecado: una figura exacta de él como Padre, en el cuerpo de un hombre.

Jesús vino a manifestar a Dios Padre

> «Porque un niño nos es nacido, hijo nos es dado,
> y el principado sobre su hombro; y se llamará su
> nombre Admirable, Consejero, Dios fuerte, Padre
> eterno, Príncipe de paz».
> —Isaías 9:6

Más adelante, Malaquías, esperando por el Espíritu Santo, clamó por la restauración de la paternidad. El profeta hablaba la voluntad de Dios y la establecía en la tierra.

> «Él hará volver el corazón de los padres hacia los
> hijos, y el corazón de los hijos hacia los padres, no
> sea que yo venga y hiera la tierra con maldición».
> —Malaquías 4:6

Dios cerró el Antiguo Testamento con esta profecía que estuvo latente durante más de cuatrocientos años sin cumplirse. Al comenzar el Nuevo Testamento, vemos que el libro de Lucas se inicia con lo mismo: Dios, una vez más, está hablando de la restauración de la paternidad. Jesús comienza su ministerio manifestando la naturaleza del Padre en toda su plenitud, y cum-

pliendo la profecía de restaurar el corazón de los padres hacia
los hijos y el de los hijos hacia los padres. Aquel, era un tiempo
donde había millones de hijos huérfanos, solos, sin identidad,
sin dirección y sin propósito en la vida. Entonces, Jesús comienza a manifestar esa paternidad sanando, consolando, liberando,
trayendo paz y gozo a todos los que lo recibían, dando a conocer el corazón del Padre a través de estas acciones.

> «Ningún hombre ha visto a Dios jamás; el Hijo
> único o el Hijo unigénito, que está en el seno [en
> la presencia íntima] del Padre, él lo ha declarado
> [él lo ha revelado y puesto en un lugar donde se
> puede ver; él lo ha interpretado y lo ha dado a co-
> nocer]».
> —Juan 1:18, Biblia Amplificada

Sin embargo, después de haber realizado todas las obras que
ponían de manifiesto la paternidad del Padre celestial, Felipe,
uno de sus discípulos, le pide a Jesús que les muestre al Padre.
De una forma muy sincera, Jesús les hace caer en cuenta de
que, a pesar de tenerlo a él frente a sus ojos, ellos no tenían aún
la revelación del Padre.

> «Si me conocieseis, también a mi Padre conoce-
> ríais; y desde ahora le conocéis, y le habéis visto.
> Felipe le dijo: Señor, muéstranos el Padre, y nos
> basta. Jesús le dijo: ¿Tanto tiempo hace que estoy
> con vosotros, y no me has conocido, Felipe? El que
> me ha visto a mí, ha visto al Padre; ¿cómo, pues,
> dices tú: Muéstranos el Padre?»
> —Juan 14:7-9

Después de que Jesús manifestó al Padre aquí en la tierra,
siendo para todos los que le recibieron un protector, sanador,
defensor, liberador y un padre para sus discípulos, les enseñó
dos cosas muy importantes antes de ser crucificado. Estas cosas

no habían podido ser comunicadas aun durante los tres años que estuvieron con él, debido a que Jesús sabía que los discípulos tenían un impedimento en la oración, porque no habían recibido la revelación de lo que significaba decirle al Padre: «*Abba*». Los discípulos no entendían cómo ni por qué Jesús tenía la audacia de llamar a su Padre «*Abba*», «Papito». Para los fariseos, e incluso para los discípulos, esto era un insulto, una falta absoluta de temor y respeto ante el Dios todopoderoso y temible que ellos habían conocido hasta entonces. En ese momento, los fariseos se molestaron y dijeron que Jesús era un blasfemo porque se dirigía al Padre como a un amigo íntimo. De todas maneras, a última hora Jesús comunicó dos sucesos importantes, que eran:

1. La venida del Espíritu Santo

> «Pero yo os digo la verdad: Os conviene que yo
> me vaya; porque si no me fuese, el Consolador no
> vendría a vosotros; mas si me fuere, os lo enviaré».
> —Juan 16:7

Al hablar con sus discípulos, Jesús les enseñó que era más conveniente, más beneficioso para ellos que él se fuera. Porque Jesús estaba limitado a un cuerpo físico, mientras que el Consolador, que vendría después de su partida, estaría en todas partes: entre ellos, en ellos y sobre ellos (al igual que lo está con nosotros ahora). Y también, les enseñó que sería precisamente el Espíritu Santo el que les traería la revelación de la paternidad de Dios.

2. La revelación del Padre

> «Estas cosas os he hablado en alegorías; la hora
> viene cuando ya no os hablaré por alegorías, sino
> que claramente os anunciaré acerca del Padre».
> —Juan 16:25

Este verso nos muestra que, aunque ya Jesús había tratado de explicar la paternidad de Dios a sus discípulos en un lenguaje figurativo, no les había dado una revelación completa. Porque es el Espíritu Santo el encargado de revelar al Padre. Esta revelación fue lo que causó una total transformación en la actitud de sus discípulos frente al mundo y a sus enemigos.

El problema con la mayor parte de las personas de esta generación es que han tenido una mala experiencia con su padre natural, y esto ha venido a ser una tragedia emocional y espiritual para ellas. Si un gran número de personas no tienen una idea de lo que es un padre natural, mucho menos pueden entender lo que es Dios como Padre. El mal concepto de lo que es un padre natural ha impedido que muchos conozcan la paternidad de Dios, la cual es mejor que cualquier experiencia humana. La revelación de la paternidad no se puede comprender sino hasta que el Espíritu Santo la revela.

¿Cuál es la revelación que debemos tener acerca del Padre?

❖ La revelación de que él es nuestro Padre.
❖ La revelación de que nos ama.
❖ La revelación de que somos sus hijos.

Cuando leemos lo que es la revelación del Padre, pensamos que es sencilla y simple, pero hay una gran profundidad en ella. El reino de Dios funciona basándose en la paternidad, pero hay muchos hombres y mujeres que necesitan la gloriosa revelación de lo que esto es en realidad para poder ser parte funcional del reino. La paternidad de Dios es el fundamento sobre el cual Dios ha escogido edificar toda la sociedad; sin ella, todo se convierte en un caos, ya que se afecta el debido funcionamiento de la familia, núcleo principal de toda sociedad. Por tal motivo, hay que trabajar para restaurar la paternidad. Así como la palabra padre en griego es *pater* y se traduce en español como *patria*, la palabra *familia* se traduce *patria* en el griego, que significa esfera de paternidad; desde el punto de vista bíblico, no hay familia si no hay paternidad.

> «Padre de nuestro Señor Jesucristo, de quien toma nombre toda familia en los cielos y en la tierra».
> —Efesios 3:14,15

La necesidad más grande de la raza humana, después de la salvación, es la de un padre.

Dios diseñó la sociedad, la política, el gobierno, la iglesia y la familia para manifestar su paternidad; pero esto ha estado muy alejado de la realidad. En este momento, nosotros no necesitamos más políticos que solo sean profesionales, sino que además cumplan el papel de padres, que conozcan a Dios y que tengan una revelación del Padre celestial.

En la actualidad tenemos una sociedad con millones de hombres y mujeres huérfanos que están clamando por un padre que sea su protector, que los defienda de la injusticia y que los alimente material y espiritualmente. Debido a esta carencia, hoy más que nunca hay hijos rebeldes que se fueron de la casa y ahora están en las gangas, porque no encontraron en el hogar, en la iglesia ni en el gobierno un padre que los amara, que los afirmara. También encontramos altos índices de prostitución en mujeres que lo único que están buscando es el abrazo de un hombre, porque papá no se lo dio en casa. Esta es una necesidad que no permite más tiempo de espera; por lo tanto, tenemos que reintegrar los valores de la paternidad a nuestra sociedad.

Hay preguntas que quisiera que usted se contestara a sí mismo, para que pueda ver qué tanta revelación tiene de la paternidad de Dios: ¿Tiene usted una revelación del Padre? ¿Tiene la revelación de que él le ama? ¿Tiene la revelación de que usted es hijo o hija del Padre celestial? Si su respuesta a cualquiera de estas preguntas es negativa, recurra al Espíritu Santo en oración y pídale la revelación que necesita, y su vida será transformada. La única manera de entender los misterios del reino es recibiendo la revelación divina, aunque para esto primero es necesario conocer qué es un misterio.

¿Qué es un misterio?

Un misterio es una revelación escondida en el corazón de Dios, la cual se revelará a nuestro espíritu por medio de su Espíritu Santo cuando cumplamos ciertas condiciones que veremos más adelante.

> «Las cosas secretas pertenecen a Jehová nuestro Dios; mas las reveladas son para nosotros y para nuestros hijos para siempre, para que cumplamos todas las palabras de esta ley».
> —Deuteronomio 29:29

¿Por qué Dios esconde las cosas de la gente?

Dios no le revela sus misterios a los que no tienen interés en ellos; muchas personas no entienden las cosas secretas de Dios porque no tienen el anhelo de conocerlas. Jesús explicó que a nosotros se nos han revelado los misterios del reino, pero a aquellos que no quieren conocerlos no les es dada la revelación.

> «Él respondiendo, les dijo: Porque a vosotros os es dado saber los misterios del reino de los cielos; mas a ellos no les es dado».
> —Mateo 13:11

¿Qué requiere Dios de nosotros para darnos la revelación del Padre celestial?

❖ Estar hambrientos de conocer al Padre celestial.
❖ Ser humildes y enseñables. Debemos dejar a un lado las ideas y formas de pensar antiguas, y recibir las verdades presentes.
❖ Demostrar obediencia y hacer lo que se nos pide. Dar un paso de fe al respecto y no que quede solo como un conocimiento en nuestra mente.
❖ Valorar la revelación que recibimos.

¿Qué efectos genera el conocer la revelación del Padre?

❖ Nuestra identidad como hijos e hijas es afirmada.

Cuando tenemos la revelación de que Dios es nuestro padre, de que nosotros somos sus hijos y de que él nos ama, obtenemos un convencimiento sobrenatural, una certeza de que no somos uno más del montón, sino que somos especiales. Además, al recibir nuestra identidad comienza a morir en nuestro interior el espíritu de competencia; ya no envidiamos el éxito de otro, ni nos importa si los hombres nos toman en cuenta o no. Comenzamos a orar como hijos y no como peticionarios ni mendigos, en fin, nuestra actitud frente al hombre, frente al diablo y frente al mundo cambia por completo.

En Jesús podemos ver el comportamiento de un verdadero Hijo de Dios. El Hijo de Dios fue tentado por el diablo tres veces, y dos de esas tentaciones tuvieron que ver con su identidad como Hijo del Dios Padre. Sin embargo, Jesús no se dejó embaucar por las mentiras de Satanás, pues conocía su identidad, sabía de quién era hijo, y aplastó al diablo con las palabras de su Padre. Si el diablo logra hacerle dudar de su identidad, le habrá ganado la batalla y no podrá atravesar la tentación del desierto; he ahí la importancia de esta revelación. El diablo quiso que Jesús demostrara que en verdad era el Hijo de Dios; pero en realidad Jesús no tenía que hacer nada para probarlo, ya que los hijos no hacen nada para ser hijos, simplemente son engendrados. Jesús era hijo, no importa lo que hiciera o dejara de hacer; y él lo sabía muy bien.

El problema más grande hoy en día en el gobierno, en la iglesia y en la sociedad es la inseguridad de sus líderes; estos no están seguros de su identidad ni de su propósito en este mundo, ni de para qué hacen lo que hacen. Volvemos entonces al mismo punto, tal cosa es producto de la falta de revelación del Padre celestial. Cuando no tenemos esta revelación nos convertimos en esclavos del miedo. Conocer nuestra identidad es el equivalente a haber alcanzado la madurez, ya que una de las definiciones de madurez es la habilidad de conocer nuestra identidad en Dios, sin sentirnos inseguros u ofendidos porque otros tengan mayor éxito, más diplomas, más dinero, más unción, más talento, más habilidades, o porque piensen diferente a nosotros. Si alcanzamos la madurez en este punto, el miedo ya no nos puede controlar.

> «Pues no habéis recibido el espíritu de esclavitud para estar otra vez en temor, sino que habéis recibido el espíritu de adopción, por el cual clamamos: ¡Abba, Padre! El Espíritu mismo da testimonio a nuestro espíritu, de que somos hijos de Dios».
> —Romanos 8:15,16

La persona que tiene la revelación de que es un hijo o hija de Dios ya no es presa o esclava del miedo al fracaso, a la muerte o a ser rechazada, porque sabe que su Padre le ama y le sustenta, y que no permitirá que nada malo le suceda. El verso anterior nos habla de la esclavitud y de cómo esta nos conduce a tener temor cuando no hemos recibido el espíritu de adopción o la revelación de que somos hijos del Padre celestial. Cuando recibimos la revelación del amor que nos tiene nuestro Padre, todo tipo de temor es quitado de nuestra vida, porque «el perfecto amor echa fuera el temor».

> «En el amor no hay temor, sino que el perfecto amor echa fuera el temor; porque el temor lleva en sí castigo. De donde el que teme, no ha sido perfeccionado en el amor».
>
> —1 Juan 4:18

Veamos cómo se expresa este versículo en la Biblia Amplificada:

> «¡No hay temor en el amor [el pavor o el terror no existe], solo el amor completo, perfecto y maduro, puede echar el temor fuera de las puertas y expulsar todo rasgo de terror! Pues el temor trae consigo el pensamiento de castigo. Entonces, aquel que siente temor no ha alcanzado la completa madurez del amor [todavía no ha crecido a la completa perfección del amor]».

La sustancia de la fe son las promesas de Dios expresadas a través de su Palabra; en cambio, el miedo no tiene sustancia, pues no hay promesas de miedo en la Palabra que lo respalden. Lo opuesto al temor es la fe. La única sustancia que el miedo tiene es la que le damos al enemigo cuando nos preocupamos de antemano en nuestra mente.

❖ **La revelación de la paternidad de Dios nos lleva a desarrollar una relación íntima con el Padre.**

Al tener la revelación de que Dios es nuestro Padre podemos

acudir a su presencia con confianza, sabiendo que él nos oye y contesta nuestras peticiones. Comenzamos a desarrollar esa relación íntima, la cual lo más seguro es que no la hayamos tenido ni siquiera con nuestro padre terrenal.

> «La comunión íntima de Jehová es con los que le temen, y a ellos hará conocer su pacto».
> —Salmo 25:14

❖ La revelación del Padre nos lleva a ser verdaderos adoradores.

> «Mas la hora viene, y ahora es, cuando los verdaderos adoradores adorarán al Padre en espíritu y en verdad; porque también el Padre tales adoradores busca que le adoren».
> —Juan 4:23

Los verdaderos adoradores son aquellos que tienen la revelación de que son hijos y un corazón sincero hacia su Padre celestial. El hijo adora a Dios por deleite y gozo, y su anhelo es honrar a su Padre. La última tentación de Jesús tenía que ver con la adoración. Si usted logra superar las tentaciones que tienen que ver con su identidad, y la tentación con relación a la adoración, llegará a vencer al enemigo como lo hizo Jesús; vencerá la prueba del desierto para después recibir el poder de Dios.

❖ La revelación del padre nos satisface y llena por completo todo nuestro ser.

Recuerde el nombre propio de Dios Padre: «EL GRAN YO SOY». Él tiene la capacidad y el deseo de convertirse en lo que usted necesita como hijo. Si necesita sanidad, entonces él es Jehová «RAFA»: «Yo soy tu sanador». Si necesita provisión, es Jehová «YIREH»: «Yo soy tu proveedor». Si necesita la victoria, es Jehová «NISSI»: «Yo soy tu bandera, tu victoria». Si necesita justicia, es Jehová «TSIDKENOU»: «Yo soy tu justicia». Si necesita paz, es Jehová «SHALOM»: «Yo soy tu paz». Dios Padre se convierte en todo lo que usted necesita. ¡Amén!

A veces nosotros como hijos demandamos mucho de nuestros padres biológicos y espirituales, esperando que nos den amor, afirmación, un abrazo o provisión. Pero ellos no siempre pueden satisfacer todas nuestras necesidades como lo esperamos. Es ahí donde se generan los disgustos, las ofensas y las decepciones, sin entender que ellos también necesitan de lo mismo que les estamos solicitando. Es por eso que no lo pueden proveer, porque no lo tienen. Solo nuestro Padre celestial puede llenar todas nuestras expectativas de amor, pero tal cosa solo sucede cuando tenemos la revelación de que Dios es nuestro Padre celestial y de que él lo llena *todo* en *todo*. Dios Padre quiere ser su protector, quiere nutrir su alma, ser el proveedor de sus finanzas, el autor de su salvación y la de su familia, el que adiestra sus manos para la batalla, su sustentador en momentos de crisis, su defensor cuando lo atacan, su mentor en el ministerio, el que lleva la carga cuando usted ya no puede más, el que le apoya y da valor a su vida, el animador que le da palabras de aliento cuando está débil; el estabilizador de su hogar, de su vida, de su negocio; el líder, el pastor que lo lleva a delicados pastos, el que le bendice, el que le ama y cree en usted a pesar de sus defectos. El Padre celestial quiere y puede ser la única fuente de su felicidad.

¿Cuál es el clamor en el mundo hoy en día?

¡Abba! ¡Abba! ¡Abba! ¡Abba! ¡Papi! ¡Papi! ¡Papi! ¡Papi! Lo cual significa: ¡Necesito un padre! Dios, el Padre celestial, quiere ser su padre; y lo será si tan solo abre su corazón y clama a él.

La Biblia Amplificada lo expresa de esta manera:

«Y por cuanto son verdaderamente sus hijos, Dios
envió a vuestros corazones el Espíritu de su Hijo,
el cual clama: ¡Abba!, [¡Papito!] ¡Padre! Así que ya
no eres más esclavo, sino hijo; y si hijo, entonces se
entiende que eres heredero con la ayuda de Dios
por medio de Cristo».

—Gálatas 4:6,7

Como lo mencionamos antes, este clamor lo escuchamos en
todas las esferas de nuestra sociedad; en las escuelas, en las
universidades, en la política, en la iglesia, en los mercados
industriales, en los concilios, en las distintas denominaciones
eclesiásticas, en los hogares, en todas partes. Pero, ¿por qué
este clamor? Porque hay hijos buscando un padre que nunca
conocieron, o buscando a un padre que estuvo en la casa,
aunque ausente de sus funciones como progenitor, como si
no hubiera estado. Algunos están buscando una dirección a
seguir, porque no saben de dónde vienen ni hacia dónde van.
Hay otros hijos que recibieron un mal ejemplo de sus padres,
y ahora nos preguntamos el porqué de sus vicios. Hay hijas
indefensas, abusadas por individuos con un mal corazón,
hijos rechazados por la sociedad debido al color de su piel
o raza. Necesitamos padres, tanto biológicos como espirituales, ya que en el ministerio también encontramos personas
enceguecidas porque nunca han tenido un padre espiritual,
hijos huérfanos, sin identidad, buscando un lugar donde se
les reciba y se les dé un sentido de pertenencia. Todo esto
nos muestra con claridad que hay un clamor: ¡Abba, Abba!
¡Necesito un padre!

¿Cuál es la solución?

Conocer y tener una revelación del Padre celestial, al que
podemos llegar por medio de su Hijo Jesús con la ayuda de
su Espíritu Santo. Clame: «¡Abba!» «¡Papito!», y háblele a su
Padre celestial. Cuando lo haga, él responderá y llenará todo

vacío que su padre biológico haya dejado y toda necesidad en su alma. ¡El Padre lo ama, así que reciba su amor! Puesto que usted es su hijo, él será la fuente de su amor, será el que lleve su carga. Será el que le dé valor a su vida, el que le sostenga en medio del problema, el que le provea para suplir todas sus necesidades... ¡Amén! Si usted va al Padre con un corazón humilde, él no lo rechazará, no lo dejará como tal vez lo hizo su padre terrenal, porque su fidelidad y amor son eternos e inmutables.

Mi testimonio

Yo crecí la mayor parte de mi vida solo. Aunque mi padre biológico era un excelente proveedor y gracias a él nunca me faltó nada material, no supo demostrarme su amor de forma verbal ni física. Nunca supe lo que era ir al parque con él, ni lo que era sentir su abrazo de padre; y no porque él no quisiera, sino porque tampoco había recibido amor y no sabía cómo expresarlo. Me crié con un gran vacío en el área de la paternidad, inseguro, con temor a ser rechazado por la sociedad. Conocí a Jesús, y aun después de este hecho tan maravilloso, había muchas áreas de inseguridad en mi vida, hasta que tuve la revelación de quién es el Padre celestial.

En cierta ocasión estuve invitado a un congreso en Bogotá, Colombia, y estando en la habitación del hotel mientras me preparaba en oración y ayuno, sentí que el cuarto se inundó de la presencia de Dios. Me postré y comencé a llorar como un niño. Luego de un rato, escuché con claridad su voz que me dijo: «Hijo, mi pueblo no sabe ser hijo. Yo quiero darles mi amor, pero ellos no lo reciben porque no tienen la revelación del Padre, incluyéndote a ti». En ese momento tuve una revelación divina de quién era el Padre, de que él me ama y de que soy su hijo. Dios Padre se reveló a mi vida y fui transformado por el poder del Espíritu Santo, y ahora mi ser está por completo satisfecho. Estoy seguro de mi identidad como hijo, seguro en el ministerio y seguro de mi propósito en Dios.

Quiero hacer una oración ahora mismo mientras escribo este libro para pedirle al Espíritu Santo que le traiga una revelación acerca del Padre celestial, de su amor y de que usted es su hijo. Si recibe esta revelación, habrá cambios grandes y positivos en su vida, como los ha habido en la mía. ¡Reciba esta revelación ahora mismo! Si usted ya es un creyente, haga esta oración en voz alta: «Espíritu Santo, revélame al Padre; tengo sed de conocerlo. Me humillo y reconozco que necesito a mi Padre celestial ahora mismo. ¡Amén!»

Si usted no ha recibido o experimentado el amor del Padre en su corazón y desea conocerlo y ser parte del mover de Dios aquí en la tierra, lo puede hacer ahora mismo. Por favor, acompáñeme en esta oración repitiéndola en voz alta.

«Padre celestial, reconozco que soy un pecador y que mi pecado me separa de ti. Me arrepiento de todos mis pecados. Voluntariamente, confieso a Jesús como mi Señor y Salvador, y creo que él murió por mis pecados. Yo creo, con todo mi corazón, que Dios el Padre lo resucitó de los muertos. Jesús, te pido que entres a mi corazón y cambies mi vida. Renuncio a todo pacto con el enemigo, con el mundo y conmigo mismo. Espíritu Santo, revélame al Padre celestial; quiero ser su hijo y sentir su amor. ¡Amén!»

Si esta oración expresa el deseo sincero de su corazón, observe lo que Jesús dice acerca de la decisión que acaba de tomar:

> «Si confesares con tu boca que Jesús es el Señor,
> y creyeres en tu corazón que Dios le levantó de los
> muertos, serás salvo. Porque con el corazón se cree
> para justicia, pero con la boca se confiesa para sal-
> vación».
> —Romanos 10:9,10

«De cierto, de cierto os digo: El que cree en mí, tiene vida eterna».

—Juan 6:47

Conclusión acerca de la revelación del Padre celestial

❖ Hoy en día, el clamor en el mundo entero es: ¡Necesito un padre!

❖ La necesidad más grande de los seres humanos en toda la tierra, después de la salvación, es la de un padre.

❖ Hay dos conceptos que debemos tener en cuenta con relación a nuestro Padre celestial, que son la intimidad y la reverencia.

❖ La razón por la cual Dios es Padre es que él engendró toda la creación y decidió darla a luz. Él es la fuente de origen de todo lo creado.

❖ El Padre celestial es «EL GRAN YO SOY», «YAHWH», que tiene vida en sí mismo y no necesita nada ni a nadie para existir.

❖ En el Nuevo Testamento, Dios manifestó su paternidad por medio de su Hijo Jesús.

❖ Los dos sucesos más importantes que Jesús les enseñó a sus discípulos antes de morir fueron la venida del Espíritu Santo y la revelación del Padre.

❖ La revelación que debemos recibir es que Dios es nuestro Padre, que somos sus hijos y que él nos ama.

❖ Los efectos que produce la revelación del Padre en nuestra vida son: seguridad, identidad, comunión íntima con él, verdadera adoración y una completa satisfacción en todo nuestro ser.

Oremos al Espíritu Santo para que nos dé la revelación del Padre celestial.

¿Cómo desarrollar
una comunión íntima
con el Padre celestial?

Uno de los propósitos por el cual Dios creó al hombre fue para tener comunión íntima con él. Dios siempre y en todas las edades, tanto en el Antiguo Testamento como en el Nuevo Testamento, ha estado buscando una relación íntima con el hombre.

> «Y circuncidará Jehová tu Dios tu corazón, y el corazón de tu descendencia, para que ames a Jehová tu Dios con todo tu corazón y con toda tu alma, a fin de que vivas».
> —Deuteronomio 30:6

Todo lo que Dios está diciendo es: «Yo quiero ser amado, y que ese amor salga de un corazón puro, sincero y voluntario». Por tal motivo, primero necesitamos circuncidar el corazón.

¿Cuál es el mandamiento más grande dado por Dios al hombre?

> «Aquél, respondiendo, dijo: Amarás al Señor tu Dios con todo tu corazón, y con toda tu alma, y con todas tus fuerzas, y con toda tu mente; y a tu prójimo como a ti mismo».
> —Lucas 10:27

Una vez más, Dios nos está diciendo en el Nuevo Testamento: «Yo quiero ser amado con todo tu corazón, tu mente, tu alma y tus fuerzas; para tener una comunión íntima contigo».

¿Qué significa tener comunión?

La palabra *comunión* proviene del vocablo griego *koinonía*, que significa compañerismo, sociedad, participación, parte que uno tiene en común con alguien, una estrecha asociación. Dios Padre tiene un gran anhelo de establecer una sociedad y una estrecha relación con sus hijos, pues no quiere que conozcan de él, sino que le conozcan a él de forma íntima. Dios desea que sus hijos participen en la misma vida que él posee.

Hay dos dimensiones del significado de la palabra *koinonía* que son las más importantes:

1. Estar juntos y unidos en una vida en común.

¿Cuál es el tipo de vida que tenemos en común con el Padre, el Hijo y el Espíritu Santo?

La vida eterna de Dios. La Biblia Amplificada lo dice de la siguiente manera:

> «Lo que era desde el principio, lo que hemos oído, lo que hemos visto con nuestros ojos, lo que hemos contemplado, y palparon nuestras manos tocante al Verbo de vida [porque la vida fue manifestada, y la hemos visto, y testificamos, y os anunciamos la vida eterna, la cual estaba con el Padre, y se nos manifestó]; lo que hemos visto y oído, eso os anunciamos, para que también vosotros tengáis comunión con nosotros; y nuestra comunión verdaderamente es con el Padre, y con su Hijo Jesucristo».
>
> —1 Juan 1:1-3

Esta es la vida eterna que ahora tenemos en común con Dios y de la cual participamos en sociedad con él; es la que nos une a Dios y nos lleva a tener una relación cercana con el Padre. Pero esta vida eterna de Dios, una vez más, requiere que vivamos en santidad y apartados para él.

¿Cómo es posible tener una relación íntima con un Dios tan santo?

Antes de que Jesús viniera a la tierra como hombre era muy difícil tener comunión con el Padre; no obstante, cuando Jesús vino, preparó el camino para desarrollar esa relación íntima con el Padre por medio de la circuncisión del corazón.

En el Antiguo Testamento, Dios le mandó a Abraham a circuncidarse él, sus hijos y aun sus siervos.

> «Era Abram de edad de noventa y nueve años, cuando le apareció Jehová y le dijo: Yo soy el Dios Todopoderoso; anda delante de mí y sé perfecto».
> —Génesis 17:1

En el capítulo 15 de Génesis, Dios hizo un pacto con Abraham en el cual el Señor tomó la iniciativa. Él proveyó todo, Abraham no hizo nada. Sin embargo, en el capítulo 17, Dios le ordena a Abraham que ande con rectitud delante de él, y además le pide que responda al pacto que habían hecho.

¿De qué manera iba a responder Abraham a ese pacto?

Dios le pidió a Abraham que se circuncidara, junto a sus hijos y sus siervos, ya que esto era necesario para completar ese pacto y tener una relación íntima con él.

¿Qué es la circuncisión?

Es el acto de cortar el prepucio del miembro sexual del hombre. El prepucio es la piel que cubre el glande o la cabeza del pene.

La circuncisión física es la sombra o tipología de una realidad espiritual, que representa una total consagración, devoción y separación para Dios. La circuncisión siempre fue más que una marca física; era una señal del pacto de las generaciones de Abraham con su Dios. Era una señal de la circuncisión del corazón, que implica una total santidad y separación para Dios.

> «Pues no es judío el que lo es exteriormente, ni es la circuncisión la que se hace exteriormente en la carne; sino que es judío el que lo es en lo interior, y la circuncisión es la del corazón, en espíritu, no en letra; la alabanza del cual no viene de los hombres, sino de Dios».
> —Romanos 2:28,29

La circuncisión en la Biblia es una cirugía espiritual que Dios lleva a cabo en su pueblo con el propósito de tener una comunión íntima con él. El cortar el prepucio simboliza cortar cualquier cosa que sea de la carne, que está en nuestro corazón y que impide nuestra relación con el Padre. La relación con Dios, nuestro Padre, implica nuestra adoración a él. Es la habilidad de oír su voz y reconocerla cuando nos habla. No obstante, es imposible oír la voz del Padre cuando los oídos están cubiertos con «carne» o «cosas de la carne», porque esto distorsiona la voz de Dios. Por lo tanto, es necesario que deje que su Padre circuncide su corazón. Pero recuerde que esto es algo muy delicado y no puede ser llevado a cabo por cualquiera; debe ser hecho por un padre espiritual que le ame y que sepa ser un padre para usted.

Dios le dijo a Abraham: «Yo me ocupo de proveerte, sanarte, cumplir las promesas, bendecirte, pelear en contra de tus enemigos, y tú te ocupas de amarme con un corazón circuncidado y santo, y de mantener una perfecta comunión conmigo; ámame con todo tu corazón y yo me ocuparé de ti».

Jesús rompe el velo

> «Y he aquí, el velo del templo se rasgó en dos, de arriba abajo; y la tierra tembló, y las rocas se partieron».
>
> —Mateo 27:51

Jesús fue a la cruz, fue crucificado, pagó el precio por todos nuestros pecados, y al final, pronunció unas palabras: «Consumado es». Esa era la expresión que utilizaban los gladiadores cuando vencían a su contrincante en las luchas romanas.

Cuando Jesús pronunció esas palabras («Consumado es»), el velo del templo se rasgó en dos, de arriba hasta abajo. Desde entonces, la entrada al lugar santísimo está libre, y todo aquel que crea y confiese a Jesús como su Señor y Salvador tiene acceso directo a una relación íntima con Dios. Este es el lugar más íntimo del corazón de Dios, y para entrar allí su corazón tiene que estar circuncidado... el corazón debe ser santo.

¿Qué es ser santo?

Es estar separado para el uso exclusivo de Dios. La santidad es una decisión que se toma en el corazón pero implica una total dependencia del Espíritu Santo, porque no es algo que usted pueda experimentar con sus propias fuerzas. Para tener comunión íntima con el Padre debemos vivir la misma vida que vivió Jesús cuando estuvo aquí, una vida santa. Debemos tener la misma naturaleza de Jesús y un corazón circuncidado como él lo tuvo.

¿Cómo podemos tener una relación cercana con un Padre que es santo si tenemos tantas cosas carnales que nos impiden acercarnos a él? El Espíritu Santo es el que nos santifica, siempre y cuando tomemos la decisión de llevar una vida santa. Usted es el que decide estar apartado y separado para Dios; no permita que nada impuro de la carne venga a ensuciar su «vaso santificado». Cuando tome la decisión de apartarse para él, Dios le dará todo el poder del cielo para ratificar y mantener esa decisión.

> «Así que, hermanos, teniendo libertad para entrar en el Lugar Santísimo por la sangre de Jesucristo, por el camino nuevo y vivo que él nos abrió a través del velo, esto es, de su carne, y teniendo un gran sacerdote sobre la casa de Dios, acerquémonos con corazón sincero, en plena certidumbre de fe, purificados los corazones de mala conciencia, y lavados los cuerpos con agua pura».
> —Hebreos 10:19-22

Dios ha abierto el lugar más íntimo de su corazón para usted. Esto quiere decir que ahora puede ser su amigo y su hijo. Ya puede acercarse con confianza, porque el velo se rasgó y no hay pared que pueda separarlo de él, pues la comunión con el Padre es posible por medio de la sangre de Cristo. Lo único que el Señor nos pide es que nos dejemos circuncidar por él; que lo dejemos cortar las cosas de la carne que nos impiden tener una relación íntima y estar unidos en la misma vida santa con él.

2. Comunión significa estar juntos con un mismo propósito.

La comunión no es solo permanecer en lo más íntimo de la presencia del Padre, o disfrutar de una estrecha relación con él, sino que también significa estar juntos con un propósito en común. ¿Cuál es el propósito principal de Dios? Dios solo tiene una pasión que sobrepasa cualquier otra pasión: su reino. Cuando Jesús estuvo en la tierra, enseñó con claridad que su pasión era ver el reino de su Padre venir a la tierra. Hay creyentes a los que se les hace difícil desarrollar una relación íntima con el Padre porque su corazón nunca ha sido circuncidado, no tienen la misma vida en común, y tampoco están junto al Padre con un mismo propósito.

> «Mas buscad primeramente el reino de Dios y su justicia, y todas estas cosas os serán añadidas».
> —Mateo 6:33

Jesús dijo: «Si se ocupan de vivir la misma vida que yo vivo, una vida santa, quitando todo lo que es carnal; si lo que los consume es que mi reino venga, todo lo demás (casas, comida, etcétera) se los daré como añadidura». ¿Cuál es la prioridad más grande en la vida de los hijos de Dios? La prioridad más importante es nuestra relación con él.

Tengamos en cuenta que la prioridad significa lo más importante, lo más beneficioso, lo que es de mucha ganancia, lo más necesario... y esto es nuestra relación con nuestro Padre celestial. Si él es nuestra prioridad, entonces lo que anhele su corazón será una prioridad en nuestra vida. Y su corazón anhela ver su reino establecido en cada corazón humano.

¡Una cosa, una cosa, una cosa es necesaria!

> «Aconteció que yendo de camino, entró en una aldea; y una mujer llamada Marta le recibió en su casa. Esta tenía una hermana que se llamaba María, la cual, sentándose a los pies de Jesús, oía su palabra. Pero Marta se preocupaba con muchos quehaceres, y acercándose, dijo: Señor, ¿no te da cuidado que mi hermana me deje servir sola? Dile, pues, que

me ayude. Respondiendo Jesús, le dijo: Marta, Marta, afanada y turbada estás con muchas cosas. Pero
solo una cosa es necesaria; y María ha escogido la
buena parte, la cual no le será quitada».

—Lucas 10:38-42

Vamos a estudiar cada uno de estos versos:

❖ **«María … oía su palabra».** La palabra *oír* significa
escuchar con el deseo de obedecer.

❖ **«Pero Marta se preocupaba con muchos**
quehaceres». *Preocuparse* significa arrastrarse dando
vueltas en círculos. Esto nos ayuda a entender que el
no poner a Dios primero y el no oír su Palabra nos
lleva a vivir en círculos, arrastrados. Es decir, dando
vueltas en el desierto sin saber hacia dónde vamos ni
cuándo llegaremos, como le pasó al pueblo de Israel.

❖ **«Marta, Marta, afanada y turbada estás con**
muchas cosas». *Afanarse* significa tener una mente
dividida, dudar sin saber a dónde ir. Llegar a un
estado de turbación es una consecuencia de dudar y
de no obedecer por tener las prioridades en un orden
incorrecto.

Marta era una mujer de doble ánimo que se afanaba con facili-
dad. Estaba llena de dudas, con su mente dividida y sin saber a
dónde ir, porque sus prioridades estaban invertidas. Lo mismo
ocurre hoy en día con algunos creyentes; están afanados con
muchos quehaceres, trabajando en exceso, haciendo deporte,
estudiando y otras cosas más, sin darse cuenta de que están buscando las añadiduras mientras que, por otro lado, el Padre está
esperando que lo busquen a él primero para luego darles su reino
y todo lo que anhelan. Si hay hijos que se encuentran turbados y
deprimidos es porque no tienen una comunión con su Padre.

¿Cuál es la solución de Jesús a todo este asunto?

«Pero solo una cosa es necesaria». Marta no sabía esto, y tampoco lo saben muchos creyentes en la actualidad.

¿Y cuál es esa cosa necesaria? Es «oír la Palabra», oír la voz de Dios, buscar la comunión con el Padre, permanecer con él, vivir la misma vida, tener el mismo propósito, buscar su rostro, buscar su presencia y estar con él. ¿Cuál ha sido el anhelo y el propósito de Dios para los seres humanos? Que el hombre lo ame, le obedezca, le sirva y esté en comunión íntima con él siempre. ¿Por qué la gente está deprimida? ¿Por qué la gente nunca está satisfecha? ¿Por qué la gente siempre está afanada tratando de hacer cada vez más y más dinero? ¿Por qué la gente está turbada? ¿Por qué la gente está dando vueltas en círculos? ¿Por qué no son suplidas sus necesidades básicas de comida, bebida y techo? La respuesta es muy simple. La gente no está haciendo «la única cosa necesaria», que es poner en un lugar de prioridad su relación personal con el Padre.

«María ha escogido la parte buena, la cual no le será quitada».

Hay dos palabras griegas para expresar la palabra «bueno»: *kalos* y *agathos*. *Kalos* es algo que está bien hecho y que es bueno a la vista. *Agathos* es algo que va a ser útil para toda la vida, algo que es útil para uno y también es de ganancia para otros. Quiero que se imagine esta escena. Jesús viene con hambre y una mujer le prepara la comida, pero la otra se sienta a escucharlo hablar.

¿Cuál de las dos está haciendo «la única cosa necesaria»?

Marta estaba haciendo algo que se veía bueno a la vista (preparar la cena), mientras que a María no le importó eso y se sentó para oír las palabras del Maestro. Para Jesús, María había escogido lo más importante, lo más esencial, lo más necesario, lo más útil, lo más beneficioso... que era oírle, tener comunión íntima con él. Dios es el Padre y está esperando que sus hijos cambien sus prioridades para que le amen, le obedezcan, le sirvan, le alaben y le oigan primero a él. La «única cosa necesaria» que vale más que cualquier otra es tener comunión íntima con Dios.

Lo que recibimos a través de la comunión con nuestro Padre nunca nos será quitado. Es un ladrillo que fue puesto en nuestro edificio espiritual, el cual permanecerá para siempre, y además, nos será útil para ayudar a otros. Nunca piense que estar en la presencia de Dios, oír su Palabra o estar con él es tiempo perdido.

Algunas claves para desarrollar una comunión íntima con el Padre

Debe saber, entender y tener una revelación de lo siguiente:

- ❖ Él es su Padre celestial.
- ❖ Usted es su hijo y fue creado para tener comunión con él.
- ❖ Él le ama y anhela su compañía.
- ❖ Puede acercarse con confianza al trono de la gracia.
- ❖ La comunión íntima con él siempre lo va a llevar a actuar.
- ❖ Primero está su alabanza y adoración a él, antes de pedir o hacer cualquier otra cosa.
- ❖ Es importante tener un lugar secreto y privado para estar con él, y si es posible, debemos hacerlo a la misma hora todos los días.
- ❖ Debe escuchar una música ungida de adoración que le ayude a preparar una atmósfera hermosa para que su presencia descienda.

❖ Desarrollar una relación íntima con Dios requiere paciencia, fe y perseverancia.

❖ El Padre está esperando a sus hijos para tener comunión íntima con ellos. Ese es el propósito por el cual los creó, y es «la única cosa necesaria».

¿Cuáles son los resultados poderosos de tener una comunión íntima con el Padre?

1. La manifestación de la vida sobrenatural y eterna de Dios en la vida de sus hijos.

En la comunión con Dios Padre, él nos mostrará nuestra condición personal, limpiará, sanará, restaurará nuestro corazón y sacará a relucir en nosotros el carácter de Jesús, la paz, el gozo, la paciencia y la vida sobrenatural del reino. También veremos suceder de continuo milagros en nuestras vidas y a nuestro alrededor. La manifestación diaria de la vida del reino nos llevará a estar en constante movimiento, nunca estaremos estancados.

La palabra *movimiento* significa acción, moción, actividad, mover, hechos, acciones, resolver, proceder, hacer algo en el ir y venir. Cuando los apóstoles iban y venían, sanaban a los enfermos, echaban fuera a los demonios, etcétera. Había un constante mover de Dios a través de sus vidas como resultado de su permanente comunión con el Padre.

2. La manifestación de un denuedo sobrenatural.

¿Qué es denuedo?

Denuedo es audacia, osadía, intrepidez, arrojo, valentía, atrevimiento para hablar y actuar en el nombre de Dios. La osadía o el denuedo no se desarrolla por medio de la habilidad humana, sino que se recibe como resultado de tener una relación íntima con el Padre. Lo opuesto al denuedo es el miedo. El miedo procede de un corazón lleno de dudas, mientras que el denuedo procede de un corazón lleno de fe.

El denuedo y los hechos atrevidos y poderosos

El denuedo o la osadía viene a nosotros a través de la comunión íntima con el Padre, y nos lleva a realizar hechos atrevidos y poderosos en Dios.

> «Con lisonjas seducirá a los violadores del pacto;
> mas el pueblo que conoce a su Dios se esforzará y
> actuará».
> —Daniel 11:32

La palabra *conoce* se corresponde con el vocablo hebreo *yada*, que significa tener intimidad sexual. Es la misma palabra usada para expresar la intimidad sexual entre el hombre y la mujer. ¿Cómo aplicamos esto a nuestra relación íntima con Dios? Es a través de la intimidad con el Señor que él nos permite concebir sus propósitos, planes, estrategias y diseños. Dios nos cubre con su sombra y fecunda nuestro vientre espiritual con sus sueños.

La traducción de la Biblia Amplificada dice:

> «Y aquellos que violen el pacto, él los pervertirá y
> los seducirá con elogios, pero el pueblo que co-
> noce a su Dios se probará fuerte y se mantendrá
> firme y hará hazañas [actuará para Dios]».
> —Daniel 11:32

¿Qué hazañas hará usted para Dios? ¿Qué es lo que le está impidiendo actuar en este momento? ¿De dónde han provenido los últimos planes y estrategias que ha estado llevando a cabo? La comunión íntima y genuina con el Padre siempre nos llevará a actuar y a hacer hazañas, proezas, hechos atrevidos y poderosos para Dios. Si todavía hoy vemos creyentes estancados y sin poder para actuar es porque no tienen comunión íntima con el Padre.

3. Un fluir sobrenatural de la revelación de su Palabra.

> «La comunión íntima de Jehová es con los que le temen, y a ellos hará conocer su pacto».
> —Salmo 25:14

La revelación de las Escrituras se recibe en la intimidad con el Padre celestial. La Biblia Amplificada lo dice así:

> «El secreto del dulce y satisfactorio compañerismo del Señor, lo tienen aquellos que le temen, veneran y adoran, y les mostrará su pacto y les revelará su profundo e interno significado».
> —Salmo 25:14

El Padre revela su Palabra a aquellos que le temen y le adoran, él comparte sus dulces secretos con ellos y satisface todo su ser. Por eso debemos entrar en una comunión íntima con él, de lo contrario, todo lo que hablemos será de nuestro propio intelecto, vacío, sin fuerza ni poder para el cambio. El Padre está buscando una habitación (no una visitación), un lugar donde repose, se siente, y tenga comunión con sus hijos. Seamos parte de un pueblo que anhela la comunión y el compañerismo con el Padre celestial.

Algunos principios importantes:

❖ Uno de los propósitos de la creación del hombre es que viva en comunión con su Padre celestial.

❖ Dios desea una estrecha relación con sus hijos.

❖ El tipo de vida que tenemos en común con el Padre, el Hijo y el Espíritu Santo es la vida eterna de Dios.

❖ La circuncisión del corazón es muy importante para quitar de nosotros toda obra de la carne que impide la comunión íntima con el Padre.

❖ Cuando Jesús obtuvo la victoria de la cruz, el velo del templo se rasgó, un hecho que nos permite entrar con libertad en su presencia.

❖ Para tener una comunión íntima con el Padre es necesario estar unidos en el propósito más importante para él, que es el avance de su reino.

❖ La prioridad en nuestra vida debe ser la comunión con el Padre celestial.

❖ La manifestación sobrenatural de milagros, del denuedo y de la revelación de su Palabra es el resultado de una comunión íntima con el Padre celestial.

Capítulo

3

¿Cuáles son las cualidades esenciales de un verdadero padre?

Anteriormente estudiamos la revelación de quién es el Padre celestial. Ahora estudiaremos algunas de sus cualidades esenciales para que de esta manera, y con la ayuda del Señor y su gracia, podamos tener un punto de partida para llegar a convertirnos en los padres que Dios espera que seamos para nuestros hijos naturales y también para nuestros hijos espirituales. Pablo nos dice que toda paternidad viene del cielo, de nuestro Padre celestial. Jesús dijo que cuando viniera el Espíritu Santo nos anunciaría con claridad acerca del Padre. Cada una de estas cualidades forman parte del carácter del Padre celestial, y él se convierte en lo que es para cada uno de sus hijos: el Padre más amoroso y maravilloso. El propósito y el plan del Padre celestial son que cada padre terrenal sea como él, con sus mismas cualidades.

Hay muchas personas que han tenido una mala experiencia con su padre natural, lo cual se convierte en un obstáculo para desarrollar una buena relación con el Padre celestial. Sin embargo, el Espíritu Santo nos mostrará el corazón perfecto del Padre, y entonces nos impartirá sus atributos como un regalo de su gracia. Estas cualidades y atributos son las que debe manifestar cada padre terrenal y espiritual aquí en la tierra.

> «Por esta causa doblo mis rodillas ante el *Padre* de nuestro Señor Jesucristo, de quien toma nombre toda *familia* en los cielos y en la tierra».
> —Efesios 3:14,15

Cualidades y atributos del Padre celestial

Las siguientes son las cualidades inherentes a la naturaleza de Dios Padre, que son las mismas que deben reflejarse en un padre espiritual y un padre natural.

1. Cultivador

Un cultivador es uno que hace que algo sea fructífero, alguien que logra que una cosa sea mejor que cuando la recibió. Un padre cultiva los dones y los talentos de sus hijos. La misión principal de un padre es llevar a sus hijos a descubrir y desarrollar su propósito, llamado y destino en Dios, tanto en lo espiritual como en lo natural. Nosotros llevamos fruto hoy en día porque nuestro Padre nos cultivó. Somos mejores individuos después que el Padre nos diera su salvación. Él tiene un propósito para cada uno de nosotros, y nos está cultivando para que estemos listos para cumplirlo. Como padres terrenales nosotros también estamos llamados a cultivar los dones de nuestros hijos, de nuestra familia y de todos aquellos que están bajo nuestra paternidad.

2. El que endosa

El padre que endosa es aquel que da valor o identidad a sus hijos o a aquellos que viven o trabajan bajo su paternidad. Les asegura que son valiosos, que pueden hacer algo significativo y que sus vidas valen la pena. El Padre celestial, después de transformarnos en nuevas criaturas por su redención, nos da también valor e identidad. Hoy valemos más que antes porque la sangre de su Hijo Jesús nos dio valor. Fuimos hechos hijos del

Padre celestial, en eso radica nuestro valor. Jesús nos dio valor porque invirtió su vida en nosotros. Así mismo, el padre terrenal le da valor a sus hijos naturales y a los espirituales cuando invierte tiempo, dinero, adiestramiento y sabiduría en ellos.

3. Protector

El padre protector es aquel que cubre a su familia y a todos los que están bajo su paternidad. Él los cuida cuando el enemigo los ataca. Es un escudo de protección contra los peligros y la dureza del mundo, como lo fue David al pelear con el león y el oso para proteger a las ovejas de su padre. Nosotros somos los pastores de todos aquellos que se cobijan bajo nuestra paternidad y los protegemos del oso y del león.

Las características de la protección de un padre se manifiestan en tres formas:

> «Dame fianza, oh Dios; sea mi protección cerca de ti. Porque ¿quién querría responder por mí?»
> —Job 17:3

❖ Seguridad

El lugar más seguro para un hijo o hija es cerca o alrededor de su padre. La seguridad que ofrece un padre desarrolla hijos con una identidad firme. Los hace sentir seguros como personas, seguros en su autoestima, seguros en su llamado, seguros en su trabajo. Y esta seguridad aumenta cuando se está físicamente cerca de ellos.

❖ Cobertura

En la actualidad la palabra *cobertura* está de moda, pero muchas personas no entienden su verdadero significado. La cobertura es un lugar paternal, en el cual se brinda protección a los hijos, la familia o las personas que están bajo el cuidado de un padre. Esta cobertura es útil en momentos de inseguridad, temor, confusión o cualquier otra situación adversa. La cobertura es una sombra de protección donde los hijos se cobijan cuando están desanimados. La cobertura espiritual proporciona unción y bendición, nutre el carácter, levanta la autoestima y afirma al hijo.

«Aquel que habita en el lugar secreto del Altísimo,
se mantendrá estable y fijo bajo la sombra del
Omnipotente [aquel que tiene el poder que ningún
enemigo puede resistir]».
—Salmos 91:10, Biblia Amplificada

❖ Refugio

Este es el lugar al que corren los hijos cuando han sido heridos, traicionados o rechazados por otros. El padre abre sus brazos y se arriesga a ser apedreado, herido y criticado con tal de proteger a sus hijos. El refugio del padre es el regazo donde los hijos lloran, expresan sus heridas y cargas, para así ser aliviados y sanados.

«Tú eres mi refugio; me guardarás de la angustia;
con cánticos de liberación me rodearás».
—Salmos 32:7

A escala ministerial, hay muchos pastores y líderes en todo el mundo que no tienen una cobertura espiritual. Ellos están acostumbrados a trabajar solos, y por eso el diablo los está derrotando; no tienen un lugar de refugio y son inseguros porque no tienen un padre que los afirme.

4. Mentor

Un mentor es alguien que enseña, exhorta, fortalece, discipula, anima y, de forma gradual, envía al discípulo a depender de la suficiencia de Dios. El mentor le dice a su discípulo lo que ve y oye del Padre, de esta manera, el Dios de paz estará con el hijo. Hay preguntas que debemos hacernos, tales como: ¿Somos dignos de ser imitados? ¿Desean nuestros hijos ser como nosotros y queremos que lo sean? El verdadero padre adiestra a sus hijos en lo que sabe, y su mayor anhelo es que ellos lleguen a ser como él.

5. Progenitor

Es uno que da inicio a la genética humana (ADN) y espiritual de sus hijos. Un solo padre da origen a varias generaciones.

> «Las bendiciones de tu padre fueron mayores que las bendiciones de mis *progenitores*; hasta el término de los collados eternos serán sobre la cabeza de José, y sobre la frente del que fue apartado de entre sus hermanos».
>
> —Génesis 49:26

Es una verdad extraordinaria saber que vamos a producir lo que somos (no lo que enseñamos).

La palabra progenitor se compone de dos palabras, las cuales son: *pro*, que significa antes, y *genes*, que significa generar. Un progenitor es aquel que genera antes. *¿Qué es un gen?* Es el elemento que determina la calidad de vida de un ser humano en muchas de las áreas. Los genes son transmitidos de generación en generación. Los padres pueden transmitir vida o muerte en ellos, salud o enfermedad. Por ejemplo, Adán pasó el pecado al resto de las generaciones que vinieron detrás de él a través de sus genes.

El padre determina la calidad de vida emocional, espiritual y física que va a transmitir a sus hijos. Él es el responsable de dar la identidad a sus hijos por medio de sus genes. Nosotros somos nacidos de Dios, por lo tanto, llevamos los genes del Padre celestial. El ADN de Dios está en nosotros, por eso somos «más que vencedores». Este principio se aplica en la vida, debido a que cada padre se reproduce según su género.

> «Después dijo Dios: Produzca la tierra hierba verde, hierba que dé semilla; árbol de fruto que dé fruto *según su género*, que su semilla esté en él, sobre la tierra. Y fue así».
>
> —Génesis 1:11

Un padre alcohólico producirá una generación de alcohólicos; un padre violento producirá hijos violentos; un padre justo producirá hijos justos. Un progenitor da inicio, y provee la calidad de los genes para cuatro generaciones. Por eso es tan importante que seamos un modelo para los que nos siguen; ellos, inevitablemente, se convertirán en lo que modelemos y se reproducirán según nuestros genes.

6. Líder

Un líder es aquel que va delante y muestra el camino. No es un padre dominante ni controlador, pero sí incentiva y apoya para motivar a sus hijos a que sigan hacia adelante. Él puede organizar, dirigir, juzgar y tomar decisiones sabias que, por general, van a traer satisfacción a todos y también darán un ambiente de seguridad.

❖ Un hombre debe tener la habilidad de gobernar dentro de su círculo de paternidad.

❖ La verdadera paternidad o gobierno patriarcal se encuentra en el servicio. La meta de un verdadero padre debe ser adiestrar, desarrollar, y liberar (sin impedir ni controlar) a sus hijos a través de su servicio. El propósito de un padre es descubrir quién es cada hijo, cuál es su don en particular, y desarrollar ese don hasta que llegue a su madurez sin distorsionar el propósito de Dios para su vida.

7. Animador

El padre como animador les da a sus hijos o a aquellos que están bajo su paternidad la confianza de ir y realizar más de lo que ellos por su propia cuenta pueden hacer o tratar de hacer. Es alguien que da ánimo y es paciente, en especial cuando sus hijos fallan. El Padre celestial siempre nos anima de diferentes maneras: con su palabra, con profecías, con gozo, etcétera. De esa misma manera, debemos animar a nuestros hijos en todo momento, en vez de criticarlos y juzgarlos cuando no hacen las cosas como les mandamos.

8. El que lleva la carga

El Padre acepta la responsabilidad de sus hijos y de su crecimiento, por lo tanto, es fiel y se puede depender de él. El verdadero padre no se da por vencido porque simplemente no lo considera una opción, debido a que esto no existe en el corazón de Dios Padre.

> «Si fuéremos infieles, él permanece fiel; él no puede negarse a sí mismo».
> —2 Timoteo 2:13

¿Cuántas veces le hemos fallado a nuestro Padre celestial? ¿Cuántas veces nos hemos quedado cortos sin llegar a lo que él esperaba de nosotros? ¿Cuántas veces hemos cometido el mismo error después de que nos bendijo, después de que nos ha usado? Muchas veces le pagamos mal, pero él no se da por vencido y sigue creyendo en nosotros. Esta misma actitud es la que debemos adoptar nosotros los padres terrenales con nuestros hijos.

9. Estabilizador

Así como nuestro Padre celestial, los hombres son llamados a ser personas de las que se pueda depender; estables, seguras, que no den señales de que pueden cambiar de parecer; rocas inconmovibles en un mundo turbulento, pues con Dios no hay forma de cambiar de parecer, no hay lugar para el doble ánimo.

> «Toda buena dádiva y todo don perfecto desciende de lo alto, del Padre de las luces, en el cual no hay mudanza, ni sombra de variación».
> —Santiago 1:17

Tenemos que ser padres con principios y valores bíblicos, firmes, con convicciones fuertes, las cuales lleven a nuestros hijos a creer en nosotros, padres de una sola palabra, íntegros (no vacilantes), firmes como nuestro Padre celestial.

10. Proveedor

Es uno que provee o suple las necesidades materiales de aquellos de los cuales es responsable. Es uno que suple y prepara provisión para la necesidad con anticipación, es decir, antes de que esta aparezca. Su familia, sus hijos y todos aquellos que están bajo su responsabilidad tienen su comida, su techo y su bebida a tiempo y en abundancia. Eso es tener cuidado de los hijos, así como nuestro Padre celestial tiene cuidado de nosotros.

> «Echando toda vuestra ansiedad sobre él, porque él tiene cuidado de vosotros».
> —1 Pedro 5:7

Antes de que Dios le diera a la mujer al hombre, le dio trabajo. Trabajar duro y ser diligente es el principio más importante para ser un buen proveedor.

> «Porque si alguno no provee para los suyos, y mayormente para los de su casa, ha negado la fe, y es peor que un incrédulo».
>
> —1 Timoteo 5:8

❖ Dios manda a los padres a ahorrar para sus hijos.

> «Porque no busco lo vuestro, sino a vosotros, pues no deben atesorar los hijos para los padres, sino los padres para los hijos».
>
> —2 Corintios 12:14

Un proveedor es una fuente de todo lo espiritual, emocional y material para los que están bajo su paternidad. Ante todo es un proveedor para los suyos, después un dador generoso que hace el bien a los hombres, y por último, alguien que ahorra para dejarle una herencia a sus hijos.

11. Trasmisor

Un padre transmisor es aquel del que se absorbe un espíritu, una mentalidad y un carácter, y que hace que aquellos que reciben estos elementos cuiden paternalmente a otros de la misma manera. Los hijos absorben el espíritu del Padre celestial. No obstante, es muy importante que los hijos también aprendan cómo absorber el espíritu, la mentalidad y el carácter de su padre terrenal. Esto debe suceder tanto en los negocios como en la iglesia o en cualquier otra rama.

12. Adiestrador

Es uno de quien sus discípulos e hijos extraen experiencias y habilidades para enfrentar sus propias batallas. Cuando un padre muestra su habilidad, sabiduría y experiencia para pelear grandes batallas, entonces sus hijos anhelan ser como su padre. Los hijos serán el mismo tipo de guerreros que su padre, irán tan lejos en la lucha como su padre les muestre que pueden llegar.

Cada victoria que el Padre obtenga es una batalla menos que sus hijos tienen que pelear, y eso los conduce a escalar niveles más altos.

13. Fuente

El padre es una fuente de donde mana la vida de Dios y de quien adquirimos conocimiento, amor, unción, guía y provisión. Es como un pozo de donde sus hijos beben y reciben el alimento. Dios es la fuente de todo lo que necesitamos y es el Padre por excelencia.

> «Porque el varón no procede de la mujer, sino la mujer del varón».
> —1 Corintios 11:8

El hombre es el que sostiene y nutre a la mujer, es una fuente para su esposa. Asimismo es un padre para sus hijos y debe tener la habilidad de recibir el conocimiento acerca de Dios, de la Palabra y de otros temas también, para que sus hijos puedan ir a él como a una fuente de la que puedan tomar la sabiduría y la habilidad que necesitan para cumplir su propósito.

14. El que nutre

Es aquel que alimenta el carácter y el potencial del hijo hasta llevarlo a la madurez.

> «Antes fuimos tiernos entre vosotros, como la no-
> driza que cuida con ternura a sus propios hijos».
> —1 Tesalonicenses 2:7

Lo que el apóstol Pablo está diciendo es que el padre cuida a sus hijos con ternura, para mantenerlos calientes. El padre nutre a sus hijos con tierno cuidado, así como lo hace la madre. Para enten-der mejor lo que el verso nos está diciendo, deberíamos leerlo así: «Cuando estuve entre vosotros, fui tierno, blando, amable, como la madre que amamanta y nutre a sus hijos con sus pechos, e hice esto para que ustedes permanezcan en el fuego para Dios, para que maduren en su carácter y en sus dones».

El padre, como alguien que nutre, hace tres cosas:

❖ **Da identidad.** Reconoce lo que sus hijos son como perso-nas, en su llamado y en la función que desempeñan. ⁎

❖ **Afirma con palabras.** Los afirma de forma constante, los nutre con palabras de aliento, fortaleza y declaraciones po-sitivas sobre sus vidas.

> «Si esto enseñas a los hermanos, serás buen minis-
> tro de Jesucristo, nutrido con las palabras de la fe y
> de la buena doctrina que has seguido».
> —1 Timoteo 4:6

❖ **Levanta la autoestima de sus hijos.** Cuando un padre nutre a sus hijos, cree en ellos, se relaciona con ellos, los anima y les entrega su confianza. Les hace ver el valor úni-co que tienen y no permite que la crítica o el halago modi-fiquen la estima que tienen de sí mismos. La autoestima de los hijos se levanta cuando el padre les dice: «Yo creo en ti». «Serás un gran médico». «Serás un profeta de Dios». «Pue-des alcanzar tus sueños». «Llegarás a ser un gran hombre o una mujer de negocios». «Serás un abogado». «Tienes un propósito en la vida». «Te apoyo». «Estoy contigo». «Nunca te dejaré». Estas declaraciones levantan la autoestima de nuestros hijos, los afirman y les dan identidad.

15. Maestro

> «Y estas palabras que yo te mando hoy, estarán sobre tu corazón; y las repetirás a tus hijos, y hablarás de ellas estando en tu casa, y andando por el camino, y al acostarte, y cuando te levantes».
> —Deuteronomio 6:6

El padre debe estar dispuesto a enseñarles a sus hijos los caminos de Dios y de la vida. La Palabra de Dios debe enseñarse en la casa, cuando anden por el camino, al acostarse, al levantarse y en todo momento. El padre, como maestro, debe atar la Palabra de Dios al cuello de sus hijos, para que miren solo lo que tiene que ver con el reino de Dios. Debe enseñarles principios y valores que les ayuden y los guíen en la vida, y repetírselos en todo momento. Hoy día vivimos en una sociedad que ha perdido el temor a Dios y los valores morales. Es necesario enseñarles a nuestros hijos el temor a Dios para que tengan éxito en la vida, y los valores morales para que vivan con rectitud.

16. El que disciplina

El padre es aquel que reprende y castiga con amor, por el bien del ser que ama, no para desahogar su ira o enojo. Lo hace para que el hijo aprenda y respete la autoridad, para que no sea como los hijos de Elí.

> «Pero Elí era muy viejo; y oía de todo lo que sus hijos hacían con todo Israel, y cómo dormían con las mujeres que velaban a la puerta del tabernáculo de reunión. Y les dijo: ¿Por qué hacéis cosas semejantes? Porque yo oigo de todo este pueblo

vuestros malos procederes. No, hijos míos, porque
no es buena fama la que yo oigo; pues hacéis pecar al pueblo de Jehová».

—1 Samuel 2:22-24

Elí sabía del pecado de sus hijos y no hizo nada al respecto.
Era un padre permisivo. Por tal motivo, Dios tuvo que juzgar su
casa. ¡Tenemos que corregir a nuestros hijos cuando pecan!

«Aquel día yo cumpliré contra Elí todas las cosas
que he dicho sobre su casa, desde el principio hasta el fin».

—1 Samuel 3:12

El padre que no disciplina a sus hijos es un mal padre, y los
hijos terminan muriendo en su pecado; como sucedió con los
hijos de Elí. Como padres, no podemos ser tolerantes con el
pecado y la desobediencia de nuestros hijos.

«Hijo mío, no menosprecies la disciplina del Señor,
ni desmayes cuando eres reprendido por él; porque
el Señor al que ama, disciplina, y azota a todo el
que recibe por hijo».

—Hebreos 12:5

Hay una frase en este verso, y es «no menosprecies», la cual significa: «No piense livianamente, no se mofe o ridiculice la disciplina de su Señor; al contrario, reciba la corrección». Recuerde
que el Padre nos disciplina porque nos ama.

Hay algunos principios que debemos aprender y entender acerca del padre.

❖ El entender el ministerio de un padre traerá una mayor
comprensión de lo que es la familia en la iglesia local y en
la sociedad toda.

❖ El someterse a la cobertura de un padre en una congregación ayudará a sus miembros a recibir y a conocer su identidad.

❖ Cuando entendemos y vivimos el ministerio del padre, aseguramos las bendiciones para nuestras próximas generaciones.

Para que podamos mantener la transferencia generacional continua y efectiva con las generaciones que vienen detrás de nosotros, tenemos que entender la revelación de lo que significa ser un padre y un hijo. De lo contrario, parte de ese plan se perderá y se retrasará el cumplimiento del propósito de Dios para las próximas generaciones. Podríamos hablar más acerca de cada una de las cualidades de un padre, pero hemos estudiado las más comunes y necesarias.

La conclusión a este capítulo de las cualidades del Padre es que nosotros, como hijos de Dios, tenemos un Padre celestial amoroso, maravilloso, bueno y perdonador, al que no hay por qué tenerle miedo. Pues el Padre celestial es para nosotros nuestro *protector* y el que nos da seguridad, cobertura y refugio en el tiempo de angustia. Además es nuestro *progenitor*, el cual nos ha dado sus genes para que seamos más que vencedores. Es nuestro *gobernador y líder*, el que va delante de nosotros como poderoso gigante abriéndonos el camino. Él se hace responsable de ayudarnos a *llevar la carga*. No se da por vencido, sino que seguirá creyendo en sus hijos. También es nuestra *fuente* de amor, el que nos *disciplina* y nos corrige cuando nos rebelamos, y el *proveedor* que suple todas nuestras necesidades. Nos *enseña* el camino correcto por el cual debemos andar, para que todo en la vida nos vaya bien. Todo el tiempo nos *adiestra* para que estemos preparados para enfrentar toda situación que se nos presente, afirmándonos de forma constante en nuestro carácter y fortaleciéndonos en nuestra identidad a través de su Palabra. De continuo nos *transmite* lo mejor de sí, para que en el futuro *demos frutos* y seamos hombres y mujeres seguros, preparados para cumplir con el llamado que él nos ha encomendado.

¿Qué significa
ser un padre espiritual?

En estos tiempos es muy común oír hablar de padres espirituales, pero muy pocas personas tienen un entendimiento claro de lo que significa ser un padre espiritual. Como resultado de esta falta de conocimiento se ha tomado ventaja de muchos hombres y mujeres huérfanos, a los cuales se les han hecho muchas promesas y se les han puesto condiciones financieras para darles cobertura espiritual, aprovechándose de su buen corazón y de su necesidad. Estas condiciones onerosas solo han contribuido a hacer más grandes a los ministerios y denominaciones que ofrecen la «cobertura». Y tal cosa se debe a que los hijos no reciben lo que necesitan; no existe una relación paternal entre la cobertura y aquel que quiere un padre espiritual que lo guíe y lo lleve a su destino.

Hablar de un padre espiritual es equivalente a hablar de una cobertura espiritual, y ninguna de las dos cosas puede darse si no hay una relación de padre e hijo. Hoy en día se le llama cobertura al hecho de estar afiliado a una denominación, a un ministerio o a una asociación de pastores, pero esto no implica que una persona tenga una cobertura espiritual, ya que los hijos ni siquiera conocen a su líder personalmente. ¿Cómo pueden recibir una herencia que no se les quiere dar? ¿Cómo pueden ir en pos de un padre espiritual que solo busca su dinero y no está dispuesto a transferirles una herencia? A la luz de estas duras verdades, la pregunta que surge entonces es: ¿Quién puede ser un padre espiritual?

¿Quién es un padre espiritual?

Un padre espiritual es alguien que invierte su vida, sus dones, habilidades, dinero y recursos en los hombres y mujeres; los rescata, los sana, les da nombre, valor, significado, los recibe en su casa, los adopta como sus hijos y, por último, les enseña y les guía llevándolos a su destino y propósito en Dios.

Un padre espiritual no es necesariamente aquel que nos hace la confesión de fe cuando aceptamos al Señor. El padre espiritual es alguien que saca del abandono a los hijos huérfanos, los ayuda a salir de la inmadurez y los lleva al crecimiento en Cristo Jesús. No es uno que demanda dinero sino aquel que brinda una relación, que pone su vida por los hijos. Tampoco es alguien que busca edificar su propio ministerio, sino un hombre cuyo corazón está dedicado a levantar hijos en el reino.

Un padre espiritual es alguien que identifica los dones en sus hijos y hace que fructifiquen. Es aquel que les da identidad, que los cubre, los protege, les proporciona seguridad y levanta la autoestima de aquellos hijos que creen que no valen nada. Padre es uno que provee materialmente para sus hijos, los disciplina y los corrige; es aquel que recibe y toma a hombres que no tienen dirección, propósito y destino, y les enseña, les ama y les ayuda a encontrar su propósito. Es uno que tiene virtudes que el hijo quiere tener, que ha ido a donde el hijo no ha ido, y que ha hecho cosas que el hijo no ha hecho. Alguien que tiene más éxito que el hijo, que tiene más unción, sabiduría, conocimiento y revelación que sus hijos.

Padre es aquel que ha desarrollado madurez por medio del proceso pasado en el desierto. La esencia de la experiencia del desierto es la prueba de nuestra identidad como hijos, para después llegar a ser padres. El desierto es el lugar donde los hijos se convierten en padres.

El desierto es donde el hijo aprende que nunca será lo suficiente poderoso para cumplir los propósitos del reino, o resistir los ataques satánicos sin una total sumisión a su Padre celestial. Esa sumisión es el primer paso que el hijo va a dar en el proceso de madurez para llega a tener un corazón de padre.

Si Satanás puede parar el proceso de madurez de un hijo en el ministerio, no tendrá que lidiar con un padre más tarde. La táctica del enemigo es abortar el plan del hijo antes de que este llegue a alcanzar la madurez, antes de que desarrolle su corazón de padre. Por ejemplo: Faraón mató a todos los niños que nacían de los judíos para luego no tener que lidiar con un Moisés. Herodes mandó a matar a los niños en Belén para después no tener que lidiar con un Jesús.

Todos los hombres que vinieron con el espíritu y el poder de Elías, el cual es restaurar la paternidad, tuvieron que pasar por el proceso del desierto. Por ejemplo:

Juan el Bautista

«Bautizaba Juan en el desierto, y predicaba el bautismo de arrepentimiento para perdón de pecados».
—Marcos 1:4

Elías

«Y él se fue por el desierto un día de camino».
—1 Reyes 19:4

Jesús

«Entonces Jesús fue llevado por el Espíritu al desierto, para ser tentado por el diablo».
—Mateo 4:1

Hay muchas cosas que no pueden aprenderse en el proceso de educación formal o por la impartición, sino que solo pueden ser aprendidas por el proceso y las experiencias que se viven en el desierto. Jesús mismo tuvo que pasar por la experiencia del desierto para luego comenzar su ministerio. No maldiga su desierto, pues es el lugar donde los hijos llegan a ser padres.

¿Cómo se encuentra un padre espiritual?

Los hijos no pueden escoger a su padre espiritual; ellos pueden preguntar y pedir, pero es el padre el que decide quiénes serán sus hijos espirituales. Ese fue el ejemplo que Jesús nos dio. El Espíritu Santo es el que guía al padre para escoger a sus hijos espirituales. Es importante que el padre conozca qué tipo de hijos está buscando, porque los padres no están llamados a serlo para todo el mundo.

> «Y cuando era de día, llamó a sus discípulos, y escogió a doce de ellos, a los cuales también llamó apóstoles».
>
> —Lucas 6:13

Los padres espirituales no se escogen en los catálogos, ni en las revistas o en los grandes congresos y conferencias; tampoco se escogen entre los predicadores favoritos de la televisión. Pablo dijo que había miles de maestros, pero pocos padres; por eso es tan difícil dar con uno. Un padre espiritual no se escoge porque habla, enseña y predica con elocuencia; no se escoge porque profetiza preciso o porque Dios hace milagros por medio de él. Un padre espiritual no surge producto del capricho de un hombre, sino debido a una relación que se establece por voluntad de Dios, en una unidad sellada por el Espíritu Santo.

Hay muchos hombres y mujeres huérfanos en el ministerio y en la sociedad que no tienen su propio nombre. Muchos de ellos no saben de dónde vienen ni a dónde van, no tienen el ADN de ningún padre porque crecieron en sistemas de hombres y denominaciones. Otros crecieron solos, sin un modelo de padre en su hogar, y ahora que son adultos no saben cómo ser padres para sus hijos. Por lo tanto, están clamando por un padre que les proporcione una identidad y los ayude a llegar a cumplir su propósito en Dios. Muchos de ellos luchan con su propia inseguridad, tienen miedo de todos aquellos que tienen mayor talento y unción. Otros llevan sobre sí la vergüenza de la ilegitimidad; o sea, no están seguros de quiénes son, ni de su origen, su propósito y potencial; no saben hacia dónde se dirigen. Es decir, ignoran cuál es su identidad y no tienen claro cuál es su propósito en la vida. Es imposible saber a dónde vamos si no sabemos de dónde hemos venido.

Nadie puede entender lo que es ser huérfano si no lo ha experimentado en su propia vida. Pero si hemos pasado por eso, cuando Dios nos da un padre espiritual lo apreciamos, lo amamos, lo honramos y lo valoramos.

Conozco un estudio que se llevó a cabo con trescientos niños desde el momento de su nacimiento hasta que alcanzaron la edad de veinticinco años. La mitad de estos niños fueron criados solo por sus madres, y la otra mitad de los niños creció bajo el cuidado de sus padres. El resultado final de este estudio fue que los niños que crecieron con el padre desarrollaron un mayor sentido de identidad, llegaron a ser personas más seguras. No se registra que hayan tenido tantos problemas con la policía como los que no tuvieron un padre al lado. Con esto no queremos decir que el criarse con uno u otro es mejor, sino que el padre les da algo a sus hijos que la madre no les puede dar. Dios ha escogido revelarse a sí mismo como Padre, pues él nunca se ha llamado a sí mismo madre. En cambio, sí se ha llamado Padre eterno. El verdadero padre no es aquel que engendra, sino aquel que protege y cuida lo que nace de él. Si fuera por engendrar, se podría decir que hasta los perros son padres, y esto no es así. Ser padres implica proteger todo aquello que proviene de nosotros. El apóstol Pablo nunca se casó, sin embargo, fue padre de muchos hijos espirituales y de muchas iglesias.

Hay muchos maestros o ayos, pero pocos padres

> «Aunque tengáis diez mil ayos en Cristo, no tendréis muchos padres, pues en Cristo Jesús yo os engendré por medio del evangelio».
> —1 Corintios 4:15

Cuando Pablo le habla a los corintios acerca de que pueden tener diez mil maestros (ayos), pero no muchos padres, se está refiriendo a la raíz de su problema: la falta de madurez paternal en el liderazgo de la iglesia de Corinto. En vez de tener un padre tenían diez mil instructores o maestros que enseñaban y predicaban, pero no impartían el corazón del Padre.

La palabra *maestro* se corresponde con el vocablo griego *paeidagogos*, de donde se deriva la palabra pedagogía. Pedagogía significa literalmente una guía, un guardián o instructor de muchos. Este término hace referencia a un sirviente, cuya posición oficial era la de encargarse de que el niño fuera a la escuela. Así que los padres eran sustituidos por sirvientes asalariados que no tenían nada que darles a esos hijos, puesto que no eran sus padres, y mucho menos podrían ofrecer una herencia espiritual.

Hoy en día hay miles de ministros que han sido educados en las escuelas más prestigiosas, pero muchos han reemplazado la relación y la función de los padres con audio casetes, videos y revistas. Hemos cambiado a los verdaderos padres por guardianes, maestros a los que no les interesa que cumplamos el destino de Dios para nosotros. Son maestros elocuentes que nos enseñan y nos brindan una palabra buena y mucha información, pero con los cuales no tenemos ninguna relación. Tampoco recibimos de ellos ninguna impartición para nuestras vidas, porque solo los padres espirituales nos pueden impartir verdades divinas que penetren hasta nuestros huesos y nuestro corazón, llevándonos así a la madurez espiritual y al destino que Dios nos señaló.

Tenemos que cambiar el paradigma mental de siempre estar buscando tantos maestros, guardianes e instructores de muchachos, que lo único que desean es conseguir su pago y levantar su propio ministerio. Eso no tiene nada de malo, pero nosotros necesitamos verdaderos padres espirituales, que nos enseñen, disciplen y entrenen con amor y disciplina por medio de una relación. Necesitamos padres que nos ayuden a salir de la inmadurez espiritual, que nos guíen a encontrar nuestro propósito y llamado en Dios, que sanen nuestras heridas, que nos restauren. Esa función solo la pueden cumplir los verdaderos padres espirituales, no un maestro o un guardián. Los porristas no están para nosotros incondicionalmente cuando los necesitamos, tenemos que pagarles para que nos sirvan. Sin embargo, el padre espiritual está listo para cubrirnos, para protegernos y ayudarnos en los momentos más difíciles. Los israelitas actuaban de la misma forma que los corintios, tomaban a cualquier persona que ellos pensaban que tenía el potencial para ser líder y le seguían. Incluso a veces pensaban que porque un hombre tenía la ropa correcta o la elocuencia necesaria, ya estaba calificado para ser el líder y la cabeza de la casa o del pueblo.

Esto mismo ocurre hoy en día, si un ministro o pastor tiene la unción, si predica bien, si enseña con revelación, lo escogemos al momento como padre. Sin embargo, si en realidad nunca desarrollamos una relación cercana de padre a hijo, ese hombre puede ser muy buen maestro, pero nunca será un padre espiritual para nosotros. El padre, en cambio, siempre estará allí, nos cambiará los «pañales» cuando nos ensuciemos, nos acompañará en nuestro crecimiento y madurez, nos dirá palabras de ánimo cuando estemos desanimados, y nos llevará a descubrir y a cumplir el propósito de Dios en nuestra vida.

Hay muchos buenos maestros que nos pueden enseñar. También hay muchos predicadores, evangelistas, profetas y pastores que nos pueden predicar la Palabra con toda autoridad; pero padres hay pocos. Padres son aquellos que invierten su tiempo, sus recursos y su vida en el desarrollo de otra persona. Son aquellos que nos entrenan y nos discipulan para cumplir el propósito de Dios. Padres son aquellos que nos cuidan, nos alimentan y nos nutren con la buena palabra; que nos protegen y están para nosotros cuando estamos pasando temporadas difíciles. Es por todo esto que el diablo ha tratado de destruir la paternidad en la iglesia y en la sociedad.

¿Cuáles son las tres armas que el enemigo usa para destruir la paternidad?

1. El dominio matriarcal

> «Y vio la mujer que el árbol era bueno para comer, y que era agradable a los ojos, y árbol codiciable para alcanzar la sabiduría; y tomó de su fruto, y comió; y dio también a su marido, el cual comió así como ella».
>
> —Génesis 3:6

El pecado de Adán y Eva trajo maldición sobre sus vidas y su descendencia. Esa era la intención de Satanás, engañarlos y llevarlos a pecar para traer maldición sobre ellos y separarlos de Dios. Sobre la mujer, calló la maldición de la manipulación y el control. Cuando Dios le dijo a la mujer en el huerto del Edén: «Y tu *deseo* será para tu marido», lo que le estaba diciendo era: «Tu deseo será controlar a tu marido y manipularlo». Es decir, la mujer lleva en su naturaleza caída la fuerte inclinación a querer tomar el papel del marido, de llevarlo a hacer lo que ella quiere o cree mejor. En el caso del dominio matriarcal, en ciertos lugares o épocas esta maldición ha encontrado espacio para establecerse y propagarse a través de las generaciones. El dominio y control de la mujer destruye la masculinidad del hombre, causando que este se vuelva pasivo ante la vida y que ceda el control de las situaciones diarias a la mujer; el hombre cede su autoridad para que la mujer ejerza dominio sobre él y sobre los hijos. Esto es contrario a la voluntad de Dios porque, al hacerlo, el padre deja de ser el líder y sacerdote del hogar. Debido a esto, los hijos pierden su identidad y su sentido de seguridad. El caso más claro en la Biblia es el del rey Acab y su esposa Jezabel. Él era el rey, pero ella gobernaba. Cuando venimos a Cristo, todo esto cambia. El hogar entra en el orden divino, donde el hombre es la cabeza, el líder y el sacerdote espiritual de la casa, que gobierna en amor y según la dirección de su cabeza, que es Cristo Jesús.

2. La pasividad del hombre

Ser una persona pasiva es equivalente a ser apática. Es tener falta de sentimientos, emociones, falta de interés, de cuidado. Es estar inactivo. La pasividad en el hombre es causada por un espíritu maligno, el cual destruye la masculinidad del individuo y lo vuelve apático. Hay una tendencia y una atracción entre el espíritu de control que opera en la mujer y el espíritu de pasividad que opera en el hombre. Estos espíritus están destruyendo hogares, familias y aun iglesias enteras.

3. La mentalidad machista

La maldición opuesta a la del dominio matriarcal es la mentalidad o el dominio machista. Este es el otro extremo de la manipulación o el dominio matriarcal. Cuando Dios le dice a la mujer: «Y él [tu marido] se enseñoreará de ti», lo que le está diciendo es que el hombre, en su naturaleza caída, tendrá la tendencia a sojuzgarla, someterla y hasta a maltratarla y a abusar de ella. Esto es porque ambos están bajo la maldición del pecado. Del mismo modo que la mentalidad matriarcal, el machismo ha encontrado espacio para propagarse y hacerse parte de la cultura en unas sociedades más que en otras. Hay países en los que la mujer no puede caminar junto al hombre, sino detrás de él; no puede vestirse normalmente, sino cubierta por completo; no puede estudiar ni tener un trabajo digno. Existen lugares en que la mujer es usada como animal de carga y de reproducción, sin derecho al descanso, el buen trato o el placer. En menor medida, pero igualmente nocivo, vemos cómo en nuestra propia sociedad la mujer puede estudiar, trabajar, ser madre, esposa y tener placer; pero también existen hombres que golpean a sus esposas, novias o hijas; otros abusan de forma sexual o verbal de ellas; no las toman en cuenta para nada importante o no les permiten ninguna opinión porque ellos mandan... y mucho más.

Esta maldición, tanto como la del dominio matriarcal y la pasividad, ha destruido la paternidad del hombre en el núcleo familiar y la sociedad. Ese era el plan del enemigo, por eso indujo a pecar a Eva. Él sabía que si destruía la paternidad del hombre también podía destruir la paternidad de Dios. De esta manera, el ser humano no podría tener una relación con su Padre celestial, lo cual, a su vez, provocaría la falta de identidad y de sentido y propósito en este mundo, pues la identidad de los hijos es dada por el padre.

El machismo destruye no solo a la mujer, sino también a los hijos. Estos sufren porque no sienten el amor de su padre; ya que todo lo que reciben de él son palabras de maldición, trato duro y nada de amor ni afirmación. La mayor parte de los problemas que presentan los adolescentes son causados por el machismo de sus padres. Pues, pensando que son hombres fuertes, crean hijos débiles a los cuales no les dedican el tiempo que necesitan, no les dan amor ni los protegen, no les dan afirmación ni identidad. Fuera de eso, abusan verbalmente de ellos. Otro error que cometen los padres machistas es la falta de disciplina; son permisivos con sus hijos, no les dan la corrección que necesitan para crecer derechos. Por eso en nuestra sociedad tenemos hijos delincuentes, que usan drogas y pertenecen a gangas o pandillas. Esto se debe a que sus padres están muy ocupados trabajando en el negocio, en la iglesia, o simplemente no se interesan en la vida de sus hijos y los dejan a su propia suerte.

Cuando el hombre se enseñorea de la mujer maltratándola, negándole el lugar que merece, abusando física y verbalmente de ella y de sus hijos con una actitud machista, no puede cumplir su rol y su función de padre. De la misma manera ocurre cuando se permite que la mujer tenga el dominio sobre el hombre.

La solución a estos dos problemas radica en reconocer que tanto el hombre como la mujer están llamados a trabajar juntos. Si cada uno conoce su función, tanto el uno como el otro llegarán a ser verdaderos padres.

La restauración del corazón de un padre

De acuerdo a lo estudiado antes es necesario que se llegue a una restauración genuina de todas las cosas, y una de las señales de la restauración que Dios está llevando a cabo en toda la tierra es que el corazón de los padres se vuelva hacia los hijos y el de los hijos hacia sus padres.

«Él hará volver el corazón de los padres hacia los hijos, y el corazón de los hijos hacia los padres, no sea que yo venga y castigue la tierra con maldición».
—Malaquías 4:6

Por mucho tiempo ha existido una escasez muy grande de hombres con un corazón de padre, y las consecuencias y los resultados de esto han sido catastróficos. Vemos hombres y mujeres que se sienten huérfanos, tanto en el hogar como en el ministerio. Lamentablemente, hay muchos hijos e hijas que nunca tuvieron una figura paternal. Otros la tuvieron, pero la recibieron de padres que no fueron un buen ejemplo para ellos, no les dieron su amor y nunca los apoyaron; por el contrario, abusaron de ellos y los maltrataron. Son muy pocas las personas que tuvieron un padre que las amara, las afirmara y les diera el apoyo que necesitaban, y por esa razón en la actualidad tenemos muy pocos hombres con un corazón de padre. Porque cuando no se ha tenido un buen padre no se puede ser un buen hijo ni tampoco un buen padre para las siguientes generaciones.

En nuestra sociedad hay un sinnúmero de hombres y mujeres que practican la homosexualidad y el lesbianismo, otros están metidos en pandillas o usando drogas. La causa de estos comportamientos es que ninguno de estos hombres y mujeres recibieron el amor, la afirmación y la identidad de un verdadero padre. Cuando esto sucede, la mayoría de las personas buscan su identidad fuera de su casa, y el enemigo se encarga de proveerles lo peor.

Hay cinco grandes consecuencias en nuestra vida producidas por la falta de un padre. Estas son:

1. La falta de identidad.

La identidad en una persona es dada por el padre. Antes enseñamos cómo los jóvenes buscan encontrar su identidad fuera de la casa porque no tienen un padre que les apoye y les diga quiénes son en Dios. El padre está llamado a proporcionarle una identidad a todo aquello que proviene de él. Los hijos naturales y los espirituales que no han tenido un padre son inseguros, no conocen su identidad como personas y tampoco como hijos de Dios. Por eso el papel del padre es tan vital e importante.

2. La ignorancia, y por ende la incapacidad de ser un buen hijo y un buen padre.

El hombre que nunca ha tenido el modelo de un padre no sabe cómo serlo a menos que aprenda con la ayuda de Dios, porque desconoce sus responsabilidades y sus funciones. Por eso es que a veces el hombre abusa de su autoridad, ya que no sabe cómo usarla. Esto es producto de la ausencia de un modelo paterno en el hogar y en el ministerio. Para que un hombre pueda llegar a ser un buen padre tiene que tener un modelo que ver, seguir y de quien aprender las funciones y responsabilidades que implican ser un verdadero padre.

3. Una relación pobre o nula con el Padre celestial.

Hay un sinnúmero de personas que tratan, desean y anhelan tener una comunión íntima con Dios, pero no pueden; y no es que Dios no quiera, sino que ellos mismos han tenido tan malas experiencias con sus padres terrenales que esto les impide relacionarse de forma sana con su Padre celestial. En su subconsciente creen que Dios Padre hará lo mismo que sus padres terrenales, y en su afán de protegerse del dolor que esto causa no logran relacionarse de modo franco con él. Sin embargo, esto no tiene que ser así, las heridas causadas por los padres terrenales no deben interferir en la relación íntima con Dios Padre. Por nuestra propia sanidad, y para que mejore nuestra relación con Dios, debemos entender que el Padre celestial es bueno, amoroso, misericordioso, protector y que él nunca nos va a abandonar ni nos va a rechazar. Dios es el mejor Padre del universo y nos ama incondicionalmente. Él nos da la identidad como hijos e hijas suyos y estará con nosotros para siempre. También recuerde que muchas de las cosas que suceden en nuestra vida ocurren con un propósito, son parte de la formación necesaria para cumplir el llamado de Dios para nosotros en esta tierra.

El ser humano de género masculino está en peligro de extinción, en especial los hombres con un corazón paternal, porque muchos de ellos no conocen el propósito por el cual Dios los ha hecho padres. Muchos de ellos tampoco entienden los principios de cómo ser un buen papá.

Cuando Dios hizo al hombre tenía en su mente a un padre, pues él desea que cada hijo cuando crezca llegue a ser un padre tanto en lo espiritual como en lo emocional y lo físico. Dios fue Padre para Adán, para Abraham, para Moisés y Josué, para Samuel y David, para Elías, Eliseo e Isaías, fue Padre para Jesús y quiere ser un Padre para usted también.

4. Genera una sociedad violenta.

> «Y el pueblo se hará violencia unos a otros, cada cual contra su vecino; el joven se levantará contra el anciano, y el villano contra el noble».
> —Isaías 3:5

No es de sorprender que la delincuencia juvenil haya comenzado a aumentar a partir de que nuestra sociedad aceptó el divorcio. Los matrimonios comenzaron a encontrar cada vez más razones para dividir los hogares y dejar a los hijos perdidos en medio de la guerra entre los padres. Conduciendo a la sociedad a un resquebrajamiento de los valores que la sostienen.

5. Trae maldición a la familia.

> «No sea que yo venga y hiera la tierra con maldición».
> —Malaquías 4:6

En cada niño hay un padre en potencia, ya que la esencia del hombre consiste en llegar a ser uno. Dios no está satisfecho hasta que de cada hijo surge un padre, y esto lo consigue a través de diferentes circunstancias en la vida que le permiten al hijo desarrollar un corazón paternal. Un hombre llega a sentirse lleno y satisfecho en su vida cuando entiende lo que es ser un padre y se desarrolla como tal.

El mayor honor que Dios le puede dar a cualquier hombre es el de ser un padre. Dios designó al hombre para que lleve un título que lo represente aquí en la tierra, el título de «padre». Padre también es el título que Dios escogió para sí mismo. Los hombres no somos padres porque podemos engendrar hijos, sino porque es el trabajo supremo que nos ha sido encomendado. Podemos llegar a ser millonarios o muy famosos, podemos lograr muchos títulos y diplomas académicos, pero si fallamos en ser buenos padres para nuestras familias, seremos un fracaso, pues nuestro propósito principal no se concretó.

El éxito de un hombre no se mide por cuántos diplomas, millones o reconocimientos tenga, sino por cuán buen padre ha sido para su familia y su iglesia, y por cómo desempeña la función que el Señor le ha dado como padre en su reino.

La fuente de todos los problemas de la raza humana, tanto de hombres como de mujeres, de adolescentes y de niños, es la ausencia de un padre.

Hace un tiempo se realizó una encuesta entre tres mil ministros cristianos de los Estados Unidos, y se encontró que la mayor parte de ellos, a pesar de ser exitosos, habían caído en pecado. Al entrevistar a cada uno, se llegó a la conclusión de que la mayor parte no pecó por razones de dinero, mujeres o fama, sino que muchos de estos ministros cayeron porque no tenían un padre espiritual que los guiara y los sostuviera en los momentos difíciles.

En el caso del matrimonio también opera la paternidad del hombre. El primer «bebé» de Adán fue su mujer Eva, por eso es que la mujer busca siempre un padre antes que un esposo. La mujer en su interior siempre buscará en el esposo la figura paternal; sin embargo, también el hombre está buscando un padre y no puede encontrarlo en su casa, pues allí él es la figura paterna. La pregunta entonces es: ¿dónde lo encuentra?

¿Cómo se resuelve el problema de la falta de un padre?

Jesús vino cuatrocientos años después de la profecía de Malaquías para darle cumplimiento a la misma. Jesús vino, con el espíritu de Elías, a resolver el problema de la ausencia de un padre y a hacer volver el corazón de los padres a los hijos y el de los hijos a los padres. Jesús viene a la tierra para revelar el corazón del Padre celestial a toda criatura y reestablecer la relación del hombre con su Padre celestial.

> «E irá delante de él con el espíritu y el poder de
> Elías, para hacer volver los corazones de los padres
> a los hijos y de los rebeldes a la prudencia de los
> justos, para preparar al Señor un pueblo bien dispuesto».
> —Lucas 1:17

El propósito de Jesús se cumple hoy también. Dios el Padre está levantando hombres en su iglesia para ministrar su corazón a muchas personas que no tienen un padre que les dé amor y los cubra con su paternidad. El Señor quiere usar nuestra humanidad, como usó la de Jesús, para revelar el corazón del Padre celestial.

En cierta ocasión un misionero fue a visitar un orfanato, y al estar allí sintió tanta compasión en su corazón por la inmensa necesidad de un padre que tenían en esos niños, que hizo la siguiente oración: «Padre celestial, te pido que seas un Padre para ellos y que les des tu amor paternal». De inmediato Dios le habló diciéndole: «Yo no puedo ser un Padre para ellos, porque soy espíritu. Pero hay una manera en que puedo darles mi amor y ser un padre para estos niños, y es por medio de ti. Tú los abrazarás, les darás mi amor, mi ternura, mi afirmación. Yo lo voy a hacer a través de ti».

Hay muchos hombres, mujeres, niños, adolescentes y jóvenes clamando por un padre que les afirme, que los abrace, que les ayude a darle dirección a su vida. Si usted es un hombre, responda al llamado de Dios y dígale: «Señor, heme aquí, dame la gracia para llegar a tener un corazón de padre y consolar a aquellos que se sienten huérfanos».

Tenga en cuenta que, para poder ser padre, primero hay que desarrollar un corazón conforme al corazón de Dios Padre. Y para poder desarrollar ese corazón de padre ante todo tienen que suceder tres cosas en el corazón del hombre:

1. La sanidad de heridas pasadas producidas por su padre terrenal.

Cada persona debe tomar la decisión de perdonar de todo corazón a su padre, tal vez porque nunca estuvo presente cuando más lo necesitó, o porque nunca le dio amor, o porque lo maltrató física, emocional o verbalmente. También es muy importante superar el vacío del abandono que existe en muchos corazones como resultado de la ausencia de una figura paternal, quizá porque no estaba en casa, porque murió o porque se marchó. Tenemos que perdonar y seguir adelante para que no haya obstáculos en el desarrollo de una íntima relación con nuestro Padre celestial. Cuando una

persona ha tenido una mala relación con su padre terrenal
le es muy difícil tener una buena relación con Dios, a menos
que primero pueda perdonar a su padre terrenal con todo
su corazón.

2. El desarrollo de una relación íntima y cercana con el Padre celestial.

Una vez que hemos perdonado a nuestros padres naturales,
el siguiente paso es acercarnos a nuestro Padre celestial y
con toda confianza llamarlo Padre o Papito. ¿Cómo podemos desarrollar una relación íntima con nuestro Padre celestial? Creyendo en nuestro corazón que somos hijos de Dios
y que él es nuestro Padre, el cual nos ama más que a nada
en este mundo.

> «Así que ya no eres esclavo, sino hijo; y si hijo,
> también heredero de Dios por medio de Cristo».
> —Gálatas 4:7

La palabra «*abba*» es un vocablo arameo que se usaba para
describir una relación íntima con un padre, y significa literalmente «papito». ¡Qué bendición tan grande llamar a nuestro
Padre celestial «Papito»! Este es un término muy cercano, y
lo más maravilloso es que Dios está esperando tener con
cada uno de nosotros esa relación íntima en la que, con toda
confianza, le podamos llamar «abba, papito».

❖ Acerquémonos al padre con confianza

> «Acerquémonos, pues, confiadamente al trono de
> la gracia, para alcanzar misericordia y hallar gracia
> para el oportuno socorro».
> —Hebreos 4:16

Ya usted y yo no debemos tener miedo de pedirle algo a

Dios ni de acercarnos a él. No debe haber temor en nuestro interior a que él nos rechace, al contrario, nuestro Papi está esperando que le pidamos, le hablemos de nuestros problemas y echemos toda nuestra carga sobre él. Él quiere darnos amor, consolarnos, protegernos. Papi nunca nos va a rechazar, como a lo mejor nos sucedió con nuestro padre terrenal. Nuestro Padre celestial nunca nos va abandonar, siempre estará con nosotros. Es necesario cambiar la mentalidad de que Dios será igual a nuestro padre terrenal. Dios es Dios, es un Padre que siempre ama, consuela, anima, sana, libera, da paz, gozo, alegría, prosperidad y quiere lo mejor para sus hijos; su mayor deseo es tener una comunión íntima con cada uno de ellos.

3. Que Dios nos dé un corazón de padre.

Cuando vamos desarrollando una relación cercana con el Padre celestial, entonces Dios nos va enseñando cómo desarrollar un corazón paternal. Él mismo imparte de su corazón paterno a nuestro espíritu, para que podamos ser buenos padres y modelos a seguir para nuestros hijos.

Testimonio personal

¿Cómo aprendí a ser un padre?

Cuando conocí al Señor, no sabía lo que era ser un padre ni mucho menos cómo llegar a serlo, pero el Señor habló a mi vida y me dijo lo siguiente: «Yo haré de ti un padre, te daré un corazón de padre y de tus lomos saldrán muchos hijos y líderes para ir a las naciones». Desde ese momento, Dios cambió mi corazón y empezó a enseñarme las funciones de un padre, los roles, las responsabilidades, el trato que debía darle a mi familia y a mis discípulos. El Señor cambió mi corazón para que yo cumpliera su rol aquí en la tierra de cuidar de aquellos que están huérfanos, tanto en lo natural como en el ministerio. En el transcurso de estos años él me ha dado un corazón de padre, y aunque no sabía cómo lo iba a hacer, con su amor y paciencia me enseñó, cultivando en mí el potencial de padre que él había depositado en mi ser desde antes que yo naciera.

¿Por qué Dios envía el espíritu de Elías para preparar su venida y restaurar la paternidad aquí en la tierra? ¿Por qué no fue otro profeta como Moisés, como Ezequiel o Daniel? La respuesta a esta pregunta es que:

❖ **Elías fue la única persona en la Biblia que pasó la doble porción de su espíritu a su hijo espiritual, Eliseo.**

Dios quiere que su iglesia ministre en el poder de la doble porción, Dios quiere que su pueblo pase su herencia a la siguiente generación para que puedan expandir el reino de Dios, el cual crecerá por medio de las relaciones entre padre e hijo. Dios está levantando la generación de la doble porción, que es la unción apostólica y profética. Elías experimentó catorce milagros, pero Eliseo, con la doble porción, completó veintiocho. Dios cumplió en esa relación su propósito multigeneracional, que solo se logra por medio de transmitir la doble porción de unción y herencia espiritual de una generación a la siguiente. No obstante, todo esto sucede cuando Dios torna el corazón de los padres hacia los hijos y el de los hijos hacia los padres.

El corazón del padre no puede formarse en las clínicas religiosas modernas de las iglesias. Los verdaderos padres andan y se forman en el desierto, porque allí es que se encuentran consigo mismos y su corazón es transformado. Por medio del quebrantamiento, el dolor, el precio de servir al Señor y de las circunstancias difíciles estos hombres preparan el camino para que los otros avancen. Los padres están llamados a recibir y sostener a las familias que no tienen padres, como hizo Elías con la viuda y su hijo. Los padres son formados en el desierto de las experiencias de la vida y el ministerio; donde la traición, el abandono, y el menosprecio de los mismos hijos son parte de esa formación tan particular que luego les permitirá ser padres de muchos.

La revelación
de ser un hijo

En la sociedad de hoy, y aun en la iglesia de Cristo, nos encontramos constantemente con la falta de buenos padres, lo que a fin de cuentas es una de las causas principales por las que existe la ignorancia de cómo ser buenos hijos. Esto se debe a que los hijos dependen del ejemplo y la disciplina de un buen padre para desarrollarse de forma correcta.

Por otro lado, debemos saber que por mucho que deseemos ser buenos padres jamás lo podremos conseguir si primero no aprendemos a ser verdaderos hijos. Verdaderos hijos para Dios y verdaderos hijos para nuestros padres espirituales y naturales.

¿Por qué es tan importante tener la revelación y el entendimiento de lo que es ser un buen hijo?

«Viniendo Jesús a la región de Cesarea de Filipo, preguntó a sus discípulos, diciendo: ¿Quién dicen los hombres que es el Hijo del Hombre? Ellos dijeron: Unos, Juan el Bautista; otros, Elías; y otros, Jeremías, o alguno de los profetas. Él les dijo: y vosotros, ¿quién decís que soy yo? Respondiendo Simón Pedro, dijo: Tú eres el Cristo, el Hijo del Dios viviente. Entonces le respondió Jesús: Bienaventurado eres, Simón, hijo de Jonás, porque no te

lo reveló carne ni sangre, sino mi Padre que está en
los cielos».

—Mateo 16:13-17

En este pasaje bíblico vemos que Jesús les hizo dos preguntas a
sus discípulos con el propósito de darles la revelación de quién
era él. Una vez que los discípulos tuvieron la revelación de que
Jesús era el Hijo de Dios, pudieron entender su asignación, su
llamado y su propósito aquí en la tierra. Esto era vital, porque
solo si ellos entendían el rol de Jesús como Hijo de Dios iban a
poder permanecer con él.

Cuando nosotros como hijos espirituales no tenemos revelación
del propósito y la asignación de nuestros padres espirituales, es
muy difícil permanecer por mucho tiempo junto a ellos. Esto se
debe a que cuando comienzan los problemas no somos capa-
ces de resistir y se nos hace más fácil irnos de su lado. Por tal
motivo, es muy necesario que tengamos la revelación del propósito de nuestro padre espiritual.

En el momento que tenemos la revelación de la asignación y el
propósito de nuestro padre espiritual, encontramos que nuestros destinos están unidos. Ya que Dios no hace nada al azar,
si nos dio un determinado padre espiritual es porque nuestra
asignación y propósito son similares a las de ese padre. Cada
vez que el Espíritu Santo revela una verdad divina nos está
entregando una llave más para abrir o cerrar algo en el mundo
espiritual, con lo cual también recibimos autoridad espiritual.
Tener una revelación clara de lo que es ser un hijo de Dios hace
que los cielos se abran, como sucedió con Jesús.

Hay cinco preguntas que se hacen la mayor parte de los seres
humanos aquí en la tierra, las cuales no tendrán éxito en contestar hasta que hayan recibido la revelación de cada una de
ellas. Cuando se tiene la revelación, entonces se descubre el
propósito de la vida de cada ser humano en particular.

1. ¿Quién soy yo? (**Identidad**)
2. ¿De dónde soy? (**Origen**)
3. ¿Por qué estoy aquí? (**Propósito**)
4. ¿Qué puedo hacer? (**Potencial**)
5. ¿Hacia dónde voy? (**Destino**)

Cada una de estas preguntas tiene que ver con el hecho de ser hijos. Cuando recibimos la revelación de cada una de ellas, entonces tenemos también la revelación de que somos hijos. Jesús entendía las preguntas y conocía bien las respuestas. Él decía: «Yo soy el camino, la verdad y la vida». «Yo soy el Gran Pastor». «Yo soy la resurrección y la vida». Jesús afirmaba: «Sé de dónde vengo, sé a dónde voy, sé mi propósito en esta vida, sé quién soy, conozco mi destino y lo que soy capaz de hacer».

¿Cómo recibió Jesús la revelación de que él era el Hijo humano de Dios?

Antes de contestar esta pregunta, vamos a estudiar un poco el trasfondo de la cultura hebrea en ese tiempo, y así conocer qué significaba ser un hijo. En el hebreo hay varios vocablos para la palabra hijo, dependiendo de su nivel de crecimiento y madurez. La palabra *huio* significa o se refiere a un hijo maduro, alguien que ha llegado a su madurez, al que se le pueden confiar responsabilidades grandes. El padre hebreo, por ejemplo, solo designaba a uno de sus hijos *huio* o hijo maduro para que heredara y administrara todo lo que él tenía.

> «Porque todos los que son guiados por el Espíritu
> de Dios, éstos son hijos de Dios».
> —Romanos 8:14

El hijo *huio* tiene tres características que tomaremos como referencia para describir lo que es ser un buen hijo:

1. Es un hijo adulto, que ha alcanzado un grado de madurez considerable.

Este nivel de madurez estaba supuesto a alcanzarse en la cultura hebrea, según la Biblia, a la edad de treinta años aproximadamente. Antes de esa edad no se le podía confiar a un hijo nada de mucho valor, ya que según la cultura hebrea todavía no era un individuo lo suficiente maduro.

Fue a los treinta años que Jesús comenzó su ministerio, que David comenzó su reinado, y que Elías comenzó su llamado, entre otros. El *huio* era un hijo que ya podía pararse como anciano en la puerta de la ciudad y podía votar en las elecciones. Además, a esta edad se le permitía al hijo que asumiera toda su responsabilidad ante la sociedad. Antes de esa fecha no se consideraba que estuviera preparado para ejercer sus deberes de forma responsable y sabia.

2. Es un hijo semejante a su padre.

El hijo maduro venía a parecerse a su padre en todas las áreas: en el carácter, en su manera de hablar, en su manera de pensar y actuar; era una réplica de su padre. Hoy en día es igual en lo espiritual. Jesús vino a ser exactamente como su Padre celestial, y nosotros debemos tener como meta y propósito llegar a ser también como él. De la misma forma ocurre con nuestros padres espirituales. Dios los ha puesto como modelos, como patrones a seguir hasta que lleguemos a ser hijos maduros. El problema que vivimos en la actualidad es que no hay muchos padres espirituales a los cuales imitar. El apóstol Pablo mandó a los corintios a que lo imitaran como él imitaba a Jesús.

«Sed imitadores de mí, así como yo de Cristo».
—1 Corintios 11:1

3. Es un hijo que está listo para recibir la herencia.

De acuerdo a la cultura bíblica, cuando el padre decidía entregarle la herencia a su hijo *huio* no era algo automático. Es decir, el hecho de ser hijo y de haber llegado a los treinta años no era garantía para recibir la herencia del padre. El padre podía escoger a la persona que él quisiera, aunque no fuera de la familia y no hubiese nacido en la casa. Por lo tanto, el hijo tenía que ser escogido para recibir la herencia del padre. Luego se llevaba a cabo una ceremonia delante de siete testigos y se le entregaba la herencia. Todo esto tiene un simbolismo o tipología que se describe con claridad en el libro de Gálatas.

> «Entre tanto que el heredero es niño, en nada difiere del esclavo, aunque es señor de todo; sino que está bajo tutores y curadores hasta el tiempo señalado por el padre. Así también nosotros, cuando éramos niños, estábamos en esclavitud bajo los rudimentos del mundo».
>
> —Gálatas 4:1-3

Dios tiene preparada una herencia para cada creyente, y en esa herencia está el significado de su vida. Es una herencia espiritual, material y física, que no se nos puede entregar sino hasta que lleguemos a una edad de madurez espiritual en la que nos parezcamos a nuestro Padre. Es necesario desarrollar el carácter de Cristo para recibir esa herencia.

Por ejemplo: El hijo pródigo

> «Un hombre tenía dos hijos; y el menor de ellos dijo a su padre: Padre, dame la parte de los bienes que me corresponde; y les repartió los bienes. No muchos días después, juntándolo todo el hijo menor, se fue lejos a una provincia apartada; y allí

desperdició sus bienes viviendo perdidamente».

—Lucas 15:11-13

El hijo pródigo pidió su herencia antes de tiempo, sin haber llegado todavía a la edad adulta, sin tener la madurez necesaria para recibirla y administrarla con responsabilidad. Él tuvo la fe y la osadía para pedir su herencia, pero no el carácter para manejarla de forma correcta. Eso mismo es lo que sucede hoy en día con muchos líderes, se van de las iglesias y de los ministerios antes del tiempo señalado por el padre. Estos hombres se envían solos y malgastan la herencia debido a que no tienen el carácter de Cristo, y por último, fracasan en el ministerio.

¿Cómo saber cuál es el tiempo exacto para que un hijo reciba su herencia?

El tiempo para que el hijo reciba la herencia estará determinado por el tiempo que le lleve madurar. El hijo no tiene que esperar que el padre muera para recibir la herencia, pero sí debe esperar a estar listo para no desperdiciarla. El momento exacto para que un hijo reciba su herencia le será confirmado por Dios a su padre espiritual, y este confirmará el llamado del hijo, así como el lugar y el tiempo en que deba ser enviado.

Lo que sucedió con el hijo pródigo también lo podemos comparar con la situación de algunos creyentes, pues en esta parábola cada uno de estos dos hermanos representa a un tipo de creyente. El hijo pródigo representa al creyente que, aprovechando los beneficios de Dios, vive como cerdo; es decir, que se revuelca en el pecado pero al mismo tiempo disfruta de las bendiciones y de la unción de su padre. El otro hermano representa al creyente religioso, que camina con una Biblia debajo del brazo, con una cara larga y amargada, diezma, ofrenda y espera un día ir al cielo. Este le dice al padre: «Te he servido como esclavo», pero el padre le responde: «Me hubieses pedido la herencia hace mucho tiempo y yo te la hubiera dado». Si usted tiene un padre espiritual y cree que está listo para manejar su herencia, ¡pídasela! Está en él tomar esa decisión.

¿Cuál fue el proceso o el camino de Jesús como el Hijo humano de Dios?

Jesús a sus doce años ya conocía las Escrituras y discutía con los doctores de la ley en la sinagoga y en el templo.

> «Y cuando tuvo doce años, subieron a Jerusalén conforme a la costumbre de la fiesta. Al regresar ellos, acabada la fiesta, se quedó el niño Jesús en Jerusalén, sin que lo supiesen José y su madre. Y pensando que estaba entre la compañía, anduvieron camino de un día; y le buscaban entre los parientes y los conocidos; pero como no le hallaron, volvieron a Jerusalén buscándole. Y aconteció que tres días después le hallaron en el templo, sentado en medio de los doctores de la ley, oyéndoles y preguntándoles. Y todos los que le oían, se maravillaban de su inteligencia y de sus respuestas».
> —Lucas 2:42-47

Después, durante los dieciocho años siguientes, no se oye historia alguna de él, solo se sabe que permaneció fiel atendiendo la sinagoga, por lo que era bien conocido y amado por el pueblo. Además, sirvió en las labores de carpintería de José, su padre terrenal. A los treinta años, cuando ya había llegado a su edad madura, Jesús es bautizado en las aguas y afirmado como Hijo por su Padre celestial.

> «Aconteció que cuando todo el pueblo se bautizaba, también Jesús fue bautizado; y orando, el cielo se abrió, y descendió el Espíritu Santo sobre él en forma corporal, como paloma, y vino una voz del

cielo que decía: Tú eres mi Hijo amado; en ti tengo complacencia».

—Lucas 3:21,22

Dios proclama y dice que ahora tiene un hijo *huio*, maduro, al que le puede abrir los cielos porque ha vivido treinta años en obediencia. La voz del Padre tiene que ser hablada, oída y recibida para poder establecer una relación de Padre a Hijo. También, en lo natural, la voz del padre terrenal y espiritual debe ser oída para afirmar al hijo en su identidad, propósito y destino, y para activarlo en el ministerio. Si el hijo se envía solo, el ministerio permanecerá dormido dentro de él. Un hijo puede ser perfecto en forma y completo en el conocimiento de su propósito, pero estará paralizado si le falta la voz del padre, puesto que esta es la que trae vida y unción al propósito de ese hijo. Por tal motivo, cuando Jesús inicia su ministerio a los treinta años, según la tradición hebrea, es afirmado por el Padre celestial.

«Jesús mismo al comenzar su ministerio era como de treinta años, hijo, según se creía, de José, hijo de Elí».

—Lucas 3:23

El espíritu humano era la única facultad con la que Jesús contaba para comunicarse con el Padre, y aunque en él habitaba la plenitud de la deidad, nunca usó esos atributos de Dios en él para vivir su humanidad. Si Jesús hubiese usado esos atributos, habría sido un ser humano diferente, y la salvación que obtuvo hubiera sido ilegal. Por tal motivo tenía que salvarnos viviendo en la condición de un ser humano común. Él creció con su espíritu humano, y con el mismo comenzó a escuchar al Espíritu Santo que le decía quién era y por qué estaba aquí en la tierra. Cuando Jesús leía las Escrituras, el Espíritu Santo le daba la revelación, y esto le proporcionaba la convicción de que él mismo era el Hijo de Dios, el Mesías Ungido. También seguramente su madre se lo decía, le contaba cómo había sido su concepción sobrenatural y su nacimiento, la persecución de César y cómo el Padre celestial lo había librado de la muerte. Hasta que llegó el momento en que él mismo tuvo la revelación de su identidad divina, de que era el Hijo de Dios.

¿Cómo sabía Jesús que era el Hijo de Dios?

De la misma manera que usted y yo lo podemos saber:

❖ Por la revelación de la Palabra.

> «Las cosas secretas pertenecen a Jehová nuestro Dios; mas las reveladas son para nosotros y para nuestros hijos para siempre, para que cumplamos todas las palabras de esta ley».
> —Deuteronomio 29:29

❖ Por el testimonio del Espíritu Santo.

> «El Espíritu mismo da testimonio a nuestro espíritu, de que somos hijos de Dios».
> —Romanos 8:16

❖ Por medio de la fe.

> «Pues todos sois hijos de Dios por la fe en Cristo Jesús».
> —Gálatas 3:26

El Espíritu Santo le ministraba a su Espíritu y le hacía saber quién era. De esta misma manera nosotros podemos saber y recibir la revelación de que somos hijos, por lo que dice de nosotros la Escritura y por la fe. Este no es un asunto de sentimientos o emociones, es un asunto de fe. En todo esto vemos cómo Jesús vivió cada momento de su vida. La suya fue una vida de fe y obediencia, lo que le dio la autoridad y la capacidad para confrontar y vencer al enemigo.

¿Cómo llegó Jesús a ser un Hijo maduro?

1. Por medio de la fe.

En el tiempo de la ley recibir la herencia tomaba treinta años; ahora, en Cristo Jesús, puede tomar menos tiempo porque ya no estamos bajo la ley sino bajo la gracia. Sin embargo, siempre es por fe. Debemos creer lo que Dios dice que somos en él, de lo contrario nunca heredaremos nuestro destino.

2. Por medio de la obediencia.

> «Y aunque era Hijo, por lo que padeció aprendió la obediencia».
>
> —Hebreos 5:8

Jesús aprendió el principio de la obediencia por medio del sufrimiento, y aprendió a vivir por fe todo el tiempo que estuvo en la tierra. Esto lo hizo crecer cada vez más en el poder de la obediencia, pues a mayor sacrificio (de obediencia) mayor poder y autoridad son desatados. Jesús, en su divinidad, siempre ha sido Dios y siempre será el Hijo de Dios; pero a pesar de esto tuvo que ganarse el derecho de recibir la herencia del padre como cualquier otro hombre. Y todo para poder morir por la humanidad y salvarla. Jesús, aunque fue tentado en todo, permaneció en obediencia durante toda su vida.

3. Por medio de la unción.

Estas tres virtudes con las que vivió Jesús como Hijo humano son las mismas virtudes con las que nosotros debemos vivir para llegar a la madurez como hijos y alcanzar las promesas. Jesús, en su deidad, siempre ha sido, es y será el Hijo de Dios. Él vino a ser el hombre que Dios buscaba, el que se paró en la brecha por el resto de los hombres, y lo hizo no como Dios todopoderoso, sino como ser humano, con las debilidades propias de un hombre.

Jesús, en su humanidad, cumplía dos funciones:

❖ Ser el cordero de Dios, el Salvador del mundo.
❖ Ser un hombre guerrero para deshacer las obras del enemigo.

Como hombre, Jesús tuvo que cumplir toda la ley y vivir en obediencia a su Padre celestial para recibir su herencia. Por treinta años, aunque era Dios todopoderoso, vivió sin tocar el poder de su deidad, pues esto hubiera sido ilegal. ¿Usted se imagina la frustración de Jesús sin poder hacer nada contra el diablo durante todos esos años porque, como hombre, no calificaba para ello? Sin embargo, Jesús esperó ansiosamente con fe y obediencia, y cuando fue bautizado en el río Jordán, el Padre dijo: «Al fin encontré a mi hombre». Aquel que, en su humanidad, había alcanzado los tres niveles fundamentales como Hijo de Dios:

❖ Llegó a ser como el Padre.
❖ Llegó a ser un Hijo maduro.
❖ Se ganó el derecho a heredar toda la riqueza de los cielos.

Ahora, Jesús como hombre tenía el derecho de destruir toda la obra del enemigo, pues Dios había encontrado un hombre sin falla y que había estado esperando el tiempo señalado por su Padre. Después de esto, el Padre lo ungió con el Espíritu Santo y lo envió. Los hijos pueden funcionar como tales solo bajo el poder de la unción del padre. No hay tal cosa en las Escrituras como un hijo ungido que no tiene la unción de su padre. En el caso de Jesús, Dios Padre contaba con él para darle legalmente todas las riquezas de los cielos, para que se parara y le dijera al diablo: «¡Quítate que vengo contra ti, y te voy a destruir!»

El enemigo prueba la identidad del hijo

La única forma en que Jesús pudo funcionar como el Hijo humano de Dios fue usando la fe, pues todos los hombres funcionan por fe. Él tuvo que creer quién era por fe y vivir constantemente con la unción del Espíritu Santo para llevar a cabo su misión como el Hijo humano de Dios. Por tal motivo el diablo decide atacarlo justo en el área de la fe. El enemigo se preguntó por un momento: «¿Cómo puedo detener a Jesús?» Creyó que tenía derecho de probarlo haciéndole dudar de quién era, y así poder neutralizarlo y anular la autoridad y el propósito de su vida aquí en la tierra. Pero ya Dios se había revelado a Jesús como su Padre, y por medio de la fe y el conocimiento de su palabra, Jesús salió victorioso de las tentaciones que Satanás le presentó en el desierto.

Estudiemos las tres tentaciones:

1. «Y vino a él el tentador, y le dijo: Si eres Hijo de Dios, di que estas piedras se conviertan en pan».
—Mateo 4:3

2. «Y le dijo: Si eres Hijo de Dios, échate abajo; porque escrito está: A sus ángeles mandará acerca de ti, y, en sus manos te sostendrán, para que no tropieces con tu pie en piedra».
—Mateo 4:6

3. «Y le dijo: Todo esto te daré, si postrado me adorares».
—Mateo 4:9

Veamos algunos detalles importantes de estas tres tentaciones. El diablo manipula las verdades de manera tal que pone en duda lo que Dios ha dicho. Esta es un arma usada por el enemigo para destruir a todos los seres humanos si no tenemos la suficiente fe para enfrentarlo. Dos de las tentaciones que Satanás utilizó iban dirigidas a probar la identidad de Jesús como Hijo de Dios. El diablo sabía que solo los hijos obtienen la herencia; por lo tanto, si lograba que Jesús dudara acerca de su identidad, entonces no podría operar con la herencia de los cielos ni con la autoridad delegada por su Padre. Por lo que Satanás tentó a Jesús en su identidad, sin importar que en el momento en que Jesús oró como Hijo y fue bautizado, el Padre lo había afirmado como tal y los cielos habían sido abiertos para él. Los creyentes que tienen revelación de que son hijos tienen los cielos abiertos, y no se comportan como mendigos, sino como hijos con derecho a su herencia. Cuando el diablo tentó a Jesús, su propósito era que este hiciera algo para probar que era hijo, sin entender lo siguiente:

❖ Una persona no es hija porque haya escogido serlo. Una persona es hija porque un padre decidió engendrarla y darla a luz. Un hijo no necesita probar que es tal cosa, simplemente, lo es.

Jesús le contesta al diablo: «Yo no tengo que hacer nada para ser Hijo, yo soy Hijo, mi Padre me engendró. Yo soy Hijo no por lo que haga, sino porque el Padre me escogió». Lo que Jesús está diciendo es que esto es un asunto de derechos, no de hacer algo para merecerlo. Por último, Jesús vence a Satanás con la Palabra de Dios, con la Palabra de su Padre: «Escrito está, escrito está». Y pasó la prueba de identidad como Hijo humano de Dios, venció al enemigo en el desierto y salió con el poder del Espíritu Santo y con mayor autoridad.

Muchas veces el enemigo intentará probar nuestra identidad con pensamientos de duda acerca de quiénes somos, y traerá preguntas a nuestra mente, tales como: Si eres hijo de Dios, ¿por qué Dios no sana tu cuerpo? Si eres hijo de Dios, ¿por qué tu familia no se ha salvado? Si eres hijo de Dios, ¿por qué no se te dio el negocio? Si eres hijo de Dios, ¿por qué no has sido libre de las ataduras del pasado? Si eres hijo de Dios, ¿por qué no cambias ese mal carácter? Pero nuestra respuesta debe ser la misma de Jesús: «Escrito está: Yo y mi casa seremos salvos». «Escrito está: Dios suplirá todo lo que me haga falta conforme a sus riquezas en gloria en Cristo Jesús». «Escrito está: Por las llagas de Jesús yo fui sanado». «Escrito está: El que comenzó en mí la obra, será fiel en completarla». «Escrito está: Mi casa y yo serviremos a Jehová». «Escrito está: Para eso vino el Hijo del Hombre, para deshacer las obras de maldad».

Este es un asunto de fe y de reclamar los derechos que tenemos como hijos; no importa si nos sentimos hijos o no, no importa si sentimos que Dios nos ama o no. Simplemente, como hijos, tenemos derecho a la liberación, porque la misma es el pan de los hijos. Tenemos derecho a la sanidad, a la prosperidad, la paz, el gozo, la unción, la autoridad, etcétera. Estos son derechos que nos pertenecen como hijos, no porque hemos hecho algo para merecerlos, sino porque Jesús nos los otorgó con su muerte y su resurrección. Cada uno de los creyentes será probado en el desierto como hijo, y para ello debe tener la revelación de que lo es. Debe conocer la Palabra y saber cómo pelear en el desierto contra el enemigo para establecer su identidad como hijo de Dios.

Mi primer viaje a Ecuador

Cuando hice mi primer viaje misionero a Ecuador en el año 1989, recuerdo que prediqué tres veces en el parque La Victoria, en Guayaquil; un lugar donde abundaban la prostitución y la drogadicción.

La primera y segunda noches estaba esperando ver los milagros de Dios, pero para mi desconcierto nada sucedió. Para ese entonces, el Señor me había dicho que me dedicara al ministerio cuando todavía me encontraba estudiando en Miami, y mi deseo era terminar mi carrera. Mi identidad fue probada por el enemigo, incluso habló a mi mente diciendo: «Tú no tienes un llamado a predicar, estás perdiendo tu tiempo, nadie se salvó, nadie se sanó». No obstante, al llegar al lugar donde me estaba alojando comencé a orar y decidí ayunar. Cuando prediqué por tercera vez en el parque, donde parecía que nada iba a suceder, el Espíritu Santo se empezó a mover trayendo salvación y sanidad a las personas. Aquello fue maravilloso. Dios me dio la victoria y pasé la prueba de la identidad como hijo de mi Padre celestial.

Como hijos, debemos ganar una batalla legal para establecer nuestra identidad

«Y Jesús volvió en el poder del Espíritu a Galilea, y se difundió su fama por toda la tierra de alrededor».

—Lucas 4:14

Cuando Jesús pasó la prueba de fe en el desierto, retornó en el poder del Espíritu Santo, lo cual fue apenas una demostración para sus discípulos, ya que al final de su ministerio les impartió su autoridad. Jesús dice: «Si tienes fe y vives en obediencia, y si tienes presente el poder del Espíritu Santo, las obras que yo hago, ustedes, como hijos, también las harán».

«De cierto, de cierto os digo: El que en mí cree, las obras que yo hago, él las hará también; y aun mayores hará, porque yo voy al Padre».

—Juan 14:12

Dios está llamando a la iglesia a ser «verdaderos hijos maduros», y los hijos maduros son aquellos que tienen la revelación de ser hijos, su fe y su identidad han sido probadas, y han ganado la batalla del desierto.

Capítulo

6

¿Cómo llegar
a ser hijos maduros?

Cuando vino el tiempo, Jesús respondió como Hijo, y de la misma forma nosotros tenemos que decirle a Dios que sí como hijos. Cuando Dios nos adopta, él lidia con cada hijo de diferente forma. Dios no trata a los hijos maduros de la misma manera que trata a los hijos pequeños. ¿Está usted preparado para la transición? Entonces puede decirle al Señor: «¡Ya no quiero que me trates como un bebé, quiero ser un hijo maduro!»

> «De manera que yo, hermanos, no pude hablaros como a espirituales, sino como a carnales, como a niños en Cristo. Os di a beber leche, y no vianda; porque aún no erais capaces, ni sois capaces todavía».
>
> —1 Corintios 3:1,2

Si usted quiere cambiar y hacer la transición de ser bebé a hijo maduro, tiene que dejar la leche y comenzar a ingerir comida sólida.

¿Cuál es la leche de la Escritura?

La leche de la Escritura es la Palabra de consuelo, de ánimo, de amor, de seguridad. Desde el punto de vista espiritual cumple el rol materno, hace lo mismo que una madre con sus hijos: les da leche, ánimo, consuelo, etcétera. La mayor parte de estos bebés espirituales vienen a la iglesia a ser bendecidos, quieren oír una palabra que de alguna manera supla la necesidad que tienen. Ellos esperan que les digan: «Yo te amo, no importa el pecado que tengas, lo malcriado que seas, el mal genio que poseas, yo te amo, yo te amo, yo te amo». Eso es lo que ellos necesitan oír; esa es la leche de la Palabra.

Todo esto es legítimo durante un período de tiempo limitado, en especial cuando acabamos de conocer a Jesús; pero Dios no nos quiere eternamente allí, desea movernos al siguiente nivel, quiere llevarnos a la madurez. Aunque en la edad adulta seguimos tomando leche de vez en cuando, hay un momento en que se ve mal ver a un adulto «tomando un biberón». Hay algunos pastores que tienen tanto miedo de ofender a la gente que lo único que le dan a la congregación es leche, formando así una iglesia de bebés. La gente dice: «¡A mí me gusta esa iglesia porque todo el tiempo me dan una palabra de consuelo y ánimo! ¡Puedo vivir en desobediencia, porque Jesús me ama de todos modos! ¡Gloria a Dios!»

¿Cuál es la vianda o la carne de la Palabra?

Los hijos maduros comen vianda o carne, que es la palabra de compromiso, de corrección, de disciplina, de santidad; una palabra que les incomoda para salir del nivel donde están e ir a un nivel superior. Los mensajes apostólicos, de los verdaderos padres, traen cambios, retan a la búsqueda, al servicio, al compromiso, al crecimiento, al desarrollo, a salir de lo común y del conformismo. Sin embargo, es interesante observar que a esto las personas inmaduras le llaman demanda. La iglesia de Corinto era una iglesia que estaba llena de bebés espirituales. No tenían ninguna influencia sobre su ciudad (aun teniendo una membresía de veinte mil personas), pues vivían de leche y no de carne. Usted bien puede escoger ser un creyente como los de Corinto, pero en un par de años va ser el mismo bebé, con la misma mala crianza, malgeniado, carnal, lascivo y con los mismos problemas que tenía cuando llegó.

La leche espiritual no cambia al creyente, solo lo mantiene vivo; mas la carne cambia y transforma.

La iglesia de Tesalónica

«Pues nuestro evangelio no llegó a vosotros en palabras solamente, sino también en poder, en el Espíritu Santo y en plena certidumbre, como bien sabéis cuáles fuimos entre vosotros por amor de vosotros. Y vosotros vinisteis a ser imitadores de nosotros y del Señor, recibiendo la palabra en medio de gran tribulación, con gozo del Espíritu Santo, de tal manera que habéis sido ejemplo a todos los de Macedonia y de Acaya que han creído».

—1 Tesalonicenses 1:5-7

La región de Macedonia era aproximadamente de ochocientos kilómetros a la redonda de extensión, sin radio y sin televisión. Sin embargo, los cristianos de la iglesia de Macedonia lograron alcanzar y tocar toda la región con el mensaje de salvación, cosa que no sucedió con los corintios. La pregunta que lo retará es: ¿Quiere usted ser un creyente como los de la iglesia de Corinto o como los de la iglesia de Tesalónica? No se trata de cuánto de la Palabra usted oye, sino de qué hace con esa Palabra. Todos los de la región de Tesalónica eran imitadores de Pablo, es decir, aplicaban sus enseñanzas a su vida, vivían la Palabra. ¿Le gustaría tocar a su familia, su ciudad o su negocio? Los hijos maduros lo pueden hacer, pero los bebés, los niños, no pueden ni siquiera cambiarse de ropa por sí mismos. Los hijos maduros son los que pueden cambiar su mundo.

¿Qué hizo Pablo con la iglesia en Tesalónica?

«Antes fuimos tiernos entre vosotros, como la no-
driza que cuida con ternura a sus propios hijos».

—1 Tesalonicenses 2:7

Este pasaje nos muestra que Pablo no solo les ministró leche, sino que los llevó también a la dimensión de lo que esto implica. La madre provee la parte del amor y la seguridad, pero el padre provee la parte de la corrección y la disciplina. Si solo recibimos ministración de parte de la madre, nos quedaremos como niños, como bebés que solo toman leche. Por tal motivo debemos recibir la ministración de parte del Padre para que crezcamos robustos y lleguemos a ser hijos maduros que conquisten y cambien su mundo.

¿Cuál es el proceso para llegar a ser un hijo maduro?

Hay un campo de entrenamiento que Dios tiene para los hijos; y Jesús, en su humanidad, no estuvo exento de pasar por allí. A través de ese proceso aprendió a obedecer perfectamente al Padre, y gracias a eso ganó autoridad en la tierra. Jesús caminó primero en la autoridad que viene por la obediencia, la cual practicó durante los treinta y tres años y medio que vivió como hombre (un ser humano con un cuerpo físico).

❖ La autoridad obtenida por la obediencia nos da poder contra el diablo únicamente en la tierra, pero no en los lugares celestes, donde están los principados.

❖ La autoridad que Jesús tenía para echar fuera demonios, para sanar a los enfermos, enseñar, predicar y liberar fue ganada por la vida de obediencia que llevó como el Hijo humano de Dios.

En el momento que un creyente deja de estar en obediencia pierde su autoridad contra el enemigo.

❖ La condición para moverse en autoridad aquí en la tierra es estar también sujeto a autoridad, pues, en el momento en que el hijo desobedece a su padre, pierde su autoridad en el Espíritu.

> «Someteos, pues, a Dios; resistid al diablo, y huirá de vosotros».
>
> —Santiago 4:7

Una de las formas más efectivas para cambiar y madurar es a través de la corrección y la disciplina. Estas son parte vital en el crecimiento de todo creyente. Es más, dice la Palabra que la disciplina es señal de que se es *hijo*, pues Dios solo corrige a aquel que ha tomado como hijo. En el momento en que nosotros le decimos: «Sí, corrígeme Señor», Dios Padre comienza a tratarnos de diferentes formas.

> «Y habéis ya olvidado la exhortación que como a hijos se os dirige, diciendo: Hijo mío, no menosprecies la disciplina del Señor, ni desmayes cuando eres reprendido por él; porque el Señor al que ama, disciplina, y azota a todo el que recibe por hijo. Si soportáis la disciplina, Dios os trata como a hijos; porque ¿qué hijo es aquel a quien el padre no disciplina? Pero si se os deja sin disciplina, de la cual todos han sido participantes, entonces sois bastardos, y no hijos».
>
> —Hebreos 12:5-8

El propósito de Dios para sus hijos es amarlos, tener una relación con ellos, llevarlos a la madurez y entregarles su herencia. Pero en este proceso el hijo tiende a desviarse, por lo tanto, debe ser alineado de nuevo con la voluntad del Padre. Esa alineación se da de distintas maneras, dependiendo del grado de disposición que el hijo tenga para obedecer.

Veamos las distintas maneras en que Dios Padre aplica la corrección a sus hijos.

¿Cuáles son los pasos que Dios Padre toma para corregirnos?

Para contestar esta pregunta primero tenemos que conocer el significado de la palabra disciplina.

1. La disciplina

La palabra disciplina proviene del término griego *paideía*, y significa golpear una vez con la mano o con un instrumento sin punta o desafilado, con el propósito de corregir y cambiar una conducta errónea. Dar un golpe, una palmada en la mano.

A veces viene una voz a su conciencia o una impresión rápida a su espíritu. Es Dios diciéndole: «Si quieres que te trate como hijo, entonces alístate porque te voy a disciplinar, te voy a pegar fuerte, te voy a decir: "No hagas eso". Y si lo haces, sufrirás las consecuencias». Dios dice: «No desmayes cuando te corrijan, no te vayas de la iglesia, no dejes de servir, no te enojes conmigo ni con el pastor, no te desanimes; si eres maduro y no un bebé, entonces pasarás la prueba y alcanzarás nuevos niveles de madurez». Si respondemos en humildad y obediencia a la vara de Dios, ya no habrá problema; pero si no, Dios nos llevará a la segunda etapa.

2. La represión (razonar con el Señor, juntos).

La palabra represión en griego es *elenco*, y se usa para denotar a un abogado acusador (fiscal) que trata de convencer al jurado de la validez de la evidencia que está presentando. Dios viene a usted como un abogado acusador, pero quiere que usted mismo dicte su veredicto de culpabilidad.

«Venid luego, dice Jehová, y estemos a cuenta: si vuestros pecados fueren como la grana, como la nieve serán emblanquecidos; si fueren rojos como el carmesí, vendrán a ser como blanca lana. Si quisiereis y oyereis, comeréis el bien de la tierra; si no quisiereis y fuereis rebeldes, seréis consumidos a espada; porque la boca de Jehová lo ha dicho».
—Isaías 1:18-20

Lo que Dios está diciendo es: «Yo quiero que veas el pecado tal como yo lo veo. Vamos a razonar esto juntos, pues quiero persuadirte de que este pecado es terrible para ti y también para mí. Cuando tiras la puerta y tomas una actitud arrogante, estás eligiendo el modo incorrecto de comportarte. ¡Vamos, arrepiéntete, cambia, madura!»

«Si confesamos nuestros pecados, él es fiel y justo para perdonar nuestros pecados, y limpiarnos de toda maldad».
—1 Juan 1:9

La palabra confesar es equivalente al vocablo griego *homologeo*, que significa «decir lo mismo». Dios nos está diciendo: «Quiero que estés de acuerdo conmigo y veas lo mismo que yo veo». No lo ignore, Dios quiere que usted le diga: «¡Señor, lo veo, es horrible! ¡Perdóname!» Hay muchas personas que tienen malos hábitos, malos pensamientos, codicia en su corazón, orgullo, una mala actitud al tratar a sus semejantes cuando no hacen lo que ellos quieren, mal genio y problemas con lo que hablan.

Testimonio personal

Hace varios años atrás tuvimos una cruzada de sanidad y milagros en una escuela de la ciudad de Miami. Desde que llegué al servicio, le pregunté al Señor cómo él quería llevar a cabo la sanidad sobre el pueblo. Le pregunté qué método debía usar para orar por los enfermos: que si quería que les impusiera las manos a todos los enfermos o si quería que les hablara la Palabra.

De inmediato tuve una convicción en mi espíritu de que debía imponer las manos sobre los enfermos. Le volví a preguntar al Señor y tuve el mismo sentir: «Pon las manos sobre las personas». Cuando llegó la hora de orar por los enfermos, hice todo lo contrario. Oré por los enfermos y prediqué la Palabra, pero me di cuenta de que nada sucedía. Ya casi se estaba terminando el servicio, así que llamé a las personas que estaban en sillas de ruedas y a las que estaban caminando con muletas. A ellas sí les impuse las manos, y de pronto dos personas se levantaron de sus sillas de ruedas, y tres de las cuatro que andaban con muletas las dejaron a un lado y empezaron a caminar. Al llegar a mi casa, estaba un poco frustrado porque solo esas pocas personas habían sido sanadas, pero de inmediato Dios me habló y me dijo: «¿Por qué me desobedeciste? Yo te mandé a imponer las manos y tú hablaste la Palabra». Esto fue lo mismo que le pasó a Moisés. Dios le dijo: «Háblale a la roca», pero Moisés golpeó la roca. Si hubiese seguido mi convicción interior de imponer las manos desde el principio, habría obtenido resultados maravillosos y Dios hubiera sanado más enfermos y obtenido una gloria aun mayor. Aquella noche Dios me reprendió, pero me arrepentí y le pedí perdón. De ahí en adelante, siempre obedezco en específico lo que el Padre me ordena.

Dios dice: «Yo quiero que veas el pecado de la manera que yo lo veo. Si estás de acuerdo conmigo en que esa área de tu vida es despreciable, entonces será posible cambiarla para que se convierta en un área gloriosa. ¡Arrepiéntete! Confiesa tu pecado, tu falta, y yo te voy a cambiar». Tenemos que reconocer nuestra condición y buscar la cura, ser honestos. Cuando Dios nos disciplina (nos pega una vez con su vara) y no hacemos caso, él trata de razonar con nosotros, pero si continuamos con la misma actitud, entonces nos lleva a la tercera etapa.

3. El azote

En el lenguaje griego la palabra azotar es equivalente al vocablo *dero*, que significa desollar (lastimar o maltratar) la piel, atormentar, afligir y después golpear. El término se usaba en el trato del amo con los siervos que eran rebeldes. ¡Esta es una palabra que lleva una connotación muy fuerte, horrible!

Dios primero nos da un «golpe en la mano» para disciplinarnos, pero si no le hacemos caso, nos reprende. Si aun así no puede convencernos ni hacernos ver nuestra condición, entonces nos azotará y causará que nuestro mundo se caiga. Moverá todo bajo nuestros pies y causará un gran terremoto a nuestro alrededor. He experimentado esto en mi vida y lo he visto en la vida de otros. El azote es algo que no quiero volver a experimentar, más bien, prefiero obedecer a tiempo.

¿Está usted listo para que Dios lo azote?

Hay muchas personas que quieren ser nuestros hijos espirituales, pero su verdadera intención es estar cerca de nosotros para que les brindemos amor, consuelo, afirmación y atención. No están buscando disciplina. Ese es el comportamiento de los bebés. Los hijos maduros, en cambio, dicen: «Disciplíname, repréndeme y azótame, pues quiero crecer». Si anhelamos la disciplina y la aceptamos con humildad, seremos hijos maduros que comen carne (alimento sólido) y no están todo el tiempo queriendo solo leche. ¿Puede usted dejar de beber leche y comenzar a comer carne?

¿Desea usted seguir pidiendo leche (afirmación) o quiere también carne (corrección)?

Dios quiere que respondamos a su primera corrección, que es solo un golpe en la mano; sin embargo, muchos no lo hacemos, así que tiene que llevarnos a razonar junto con él, a persuadir nuestra conciencia, nuestra mente y corazón de que lo que estamos haciendo está mal. Lamentablemente, si todavía a este punto no hemos obedecido, entonces tiene que azotarnos.

Observe el siguiente ejemplo: En siete ocasiones en el Nuevo Testamento, Pedro, Juan y Jacobo, discípulos de Jesucristo, tuvieron serias discusiones y competencias acerca de quién iba ser el más grande entre ellos. Jesús los retó y les dijo: «Paren de competir por eso, ustedes tienen que ser humildes y considerarse iguales entre sí». Les dijo esto siete veces. Lo cual quiere decir que trató de razonar con ellos, pero no hicieron caso. La competencia entre los discípulos y sus familias continuaba. Entonces Jesús le dijo a Pedro: «Traté de persuadirte de este problema de querer ser reconocido, de querer ser grande, el primero, pero ahora te voy a azotar. Te voy a transformar de un hombre que busca su propio ministerio en uno que quiere servir a sus hermanos». Jesús usó a Satanás como azote para disciplinar a Pedro.

> «Dijo también el Señor: Simón, Simón, he aquí Satanás os ha pedido para zarandearos como a trigo; pero yo he rogado por ti, que tu fe no falte; y tú, una vez vuelto, confirma a tus hermanos».
> —Lucas 22:31,32

Después de todo este azote, Pedro, para aumentar su propio quebrantamiento, niega a Jesús cuando es apresado. No obstante, más tarde vemos su sincero arrepentimiento y cómo recibe la revelación del amor de Dios. Ya cuando llega el día de Pentecostés en el Aposento Alto, tanto él como Juan estaban trabajando juntos, se había acabado la competencia y ahora ellos eran hijos de Dios por medio de la fe en Jesús, afirmados en su identidad, quebrantados y maduros para dar fruto agradable a su Señor.

¿Está usted dispuesto a pasar por el proceso que lo llevará a ser un hijo maduro?

No tome a la ligera la disciplina, ni se desanime cuando le reprendan, tiene que saber que cuando el Padre le azota es porque le ama. Después del proceso, Dios hace de usted un hijo maduro, que ama a sus hermanos y es capaz de trabajar en equipo sin buscar lo suyo; uno que puede ser parte de su ejército armado para tomar ciudades, naciones, etcétera.

Acepte el desafío de crecer, de madurar. Atraviese las pruebas y las reprensiones del Padre para que pueda pertenecer a la casa de Dios. Si se queda como un bebé no va a crecer ni llegará a ser un hijo maduro. El final de todo este proceso es llevarnos a la madurez, porque entonces vamos a recibir nuestra herencia. Cualquiera que quiera ser como Jesús, el Hijo de Dios, va a padecer, y debe estar listo para la guerra porque el enemigo presentará una fuerte resistencia.

¿Qué quiere usted: la leche o la carne? ¿Está dispuesto a pasar por el proceso para llegar a ser un hijo maduro? ¿Quiere recibir la herencia como hijo? ¿Está dispuesto a reconocer esa área en la cual está fallando y a ponerse de acuerdo con Dios? ¿Hay un área específica de la que Dios le ha venido hablando, y usted no ha hecho nada al respecto? ¿Será la ira, el orgullo o el egoísmo? ¿Será la lascivia, la lengua, el juicio, la apatía, la falta de compromiso u otra cosa? Enfréntese ahora con esas áreas de inmadurez en su vida y decídase a cambiar para llegar a ser parte del ejército de los hijos maduros, valientes y osados que Dios usará para ganar las grandes batallas espirituales de los últimos tiempos. ¡Este es su día!

Capítulo

7

¿Cuáles son las características de un buen hijo?

En esta sociedad moderna vemos tanto la escasez de verdaderos padres como la carencia de buenos hijos. Aunque, más bien, yo creo que hay muchos hijos tratando de ser buenos, pero que no saben cómo hacerlo. Cuando usted pueda conocer el perfil de un buen hijo, entonces podrá identificarse o saber qué le hace falta para ser uno. La palabra de Dios nos habla de verdaderos hijos, y también de aquellos que en realidad no lo son. Asegúrese de encontrarse dentro de la categoría de los hijos, que son los únicos que califican para recibir la herencia.

Veamos a continuación las características de un verdadero hijo.

1. Un buen hijo tiene pasión por Dios y ve a su padre espiritual como el medio que Dios va a usar para bendecirlo.

Veamos el ejemplo de Elías y Eliseo. Eliseo le decía a Elías: «Tú tienes algo de Dios que es mío, tú eres el vaso que Dios va a usar para darme mi herencia».

2. El buen hijo honra y valora a su padre espiritual y natural, y también tiene un verdadero anhelo por su herencia.

La verdadera honra de un hijo hacia sus padres está compuesta de tres partes:

❖ Hablar bien de ellos siempre
❖ Obedecerlos
❖ Honrarlos con dinero y bienes materiales

Si falta una de estas tres formas de honrarlos, entonces no existe una honra completa.

3. El buen hijo ve más allá de las fallas de su padre y se concentra en el tesoro divino que hay dentro de él.

Algunos hijos no reciben la herencia espiritual y material de sus padres porque se enfocan en sus defectos y debilidades y no en sus áreas fuertes, talentos y habilidades.

4. El buen hijo está dispuesto a ser un siervo para su padre en todo momento.

«Y hablaba Jehová a Moisés cara a cara, como habla cualquiera a su compañero. Y él volvía al campamento; pero el joven Josué hijo de Nun, su servidor, nunca se apartaba de en medio del tabernáculo».

—Éxodo 33:11

5. Un buen hijo natural y/o espiritual no trata de tomar su herencia antes de tiempo, sino que espera hasta que su padre se la dé.

Como lo mencionamos antes, el hijo pródigo pidió la herencia a su padre antes de tiempo, y el resultado fue que la desperdició porque no tenía la madurez necesaria para administrarla de la forma correcta.

6. Un buen hijo tiene siempre un gran deseo de estar cerca del padre.

«Y dijo Elías a Eliseo: Quédate ahora aquí, porque Jehová me ha enviado a Bet-el. Y Eliseo dijo: Vive Jehová, y vive tu alma, que no te dejaré. Descendieron, pues, a Bet-el».

—2 Reyes 2:2

La pasión y el deseo de un hijo es estar cerca de su padre, servirlo y recibir su bendición.

7. Un buen hijo no trata de tomar lo que es legítimamente suyo de forma equivocada.

Absalón, el hijo del rey David, intentó robar el puesto de su padre.

«De esta manera hacía con todos los israelitas que venían al rey a juicio; y así robaba Absalón el corazón de los de Israel».

—2 Samuel 15:6

El final de Absalón fue la muerte, ya que él trató de tomar algo que era suyo, pero de forma ilegal.

8. El buen hijo aprende a esperar en el Señor con fe para recibir su herencia en el tiempo correcto.

Dios tiene un tiempo específico para entregarle la herencia a cada hijo. Por lo tanto, lo único que el hijo debe hacer es ser fiel, obediente y esperar el tiempo señalado por el padre.

9. El buen hijo siempre manifiesta sumisión, fe, honor, amor y aprecio por su padre.

Estas virtudes siempre afloran en los verdaderos hijos.

10. Un buen hijo siempre toma la iniciativa de buscar una relación con su padre.

Una vez que el padre escoge al hijo, es responsabilidad del hijo tomar la iniciativa de buscar al padre. El buen hijo no espera que el padre venga a él, sino que busca los medios para servirle y estar cerca de él.

¿Cómo debe ser la relación entre padre e hijo?

Una vez más, volvemos al mismo asunto que tratamos anteriormente. Hay un sinnúmero de hijos que no saben cómo relacionarse con su padre espiritual y su padre natural. Muchos de ellos quieren ser buenos hijos, pero no tienen una referencia o enseñanza de lo que es ser uno de ellos. Por tal motivo, vamos a estudiar algunos principios importantes:

❖ La relación de padre e hijo es algo muy especial, y se puede entablar con pocas personas. Jesús lo hizo de esta manera, pues ministró a miles, discipuló a cientos y fue padre de doce.

❖ La relación de padre e hijo es una que imparte vida y espíritu. Por ejemplo, a través de esta relación el padre debe acumular una herencia espiritual y material para impartirla a su hijo, y el hijo debe desear con desesperación recibir o heredar lo que el padre tiene. Esto es más que simplemente discipular, enseñar y tener una relación de entrenamiento. Esta es una relación de vida.

❖ El padre tiene derecho a escoger a aquellos que pueden convertirse en sus hijos. Pues, al igual que en lo natural, los hijos espirituales no escogen a su padre, ellos pueden preguntar y pedir, pero es el padre el que toma la decisión.

❖ Cuando las partes de la relación padre-hijo entran en un mutuo acuerdo, es responsabilidad del hijo seguir al padre y buscar las oportunidades para estar con él, de otra forma esto no funciona.

❖ La parte del hijo, tanto en la relación natural como en la espiritual, es servir y asistir al padre; no es la de buscar ni tomar una posición de liderazgo ni de ministerio junto con su padre antes de tiempo.

❖ Llegará un momento definitivo de Dios donde la transferencia e impartición de la autoridad tome lugar de forma visible, como vemos en el ejemplo de Elías y Eliseo.

Cuando al fin ocurre esta impartición, una de varias situaciones puede suceder:

❖ El hijo puede salir a edificar su propia casa.

❖ El hijo puede recibir como herencia la casa de su padre (esto mayormente sucede con los hijos naturales).

❖ El hijo puede servir para siempre en la casa de su padre como un valioso número dos hasta el día que su padre muera; en ese momento, el hijo podrá tomar su lugar si ese fue el deseo del padre.

❖ Una vez enviado por el padre, el hijo puede salir a desarrollar su propio llamado local e internacionalmente.

El desafío final para los hijos es llegar a la madurez espiritual para que su herencia les sea confiada. Si usted es un hijo, no tome en forma ilegal y anticipada algo que legalmente le pertenece. Espere su momento y tendrá un futuro glorioso tanto en su llamado como en su vida en general.

Tenemos derecho legal para recibir lo que nos pertenece por herencia, aunque tengamos que perseverar en fe hasta recibirlo.

> «Había también en aquella ciudad una viuda, la cual venía a él, diciendo: Hazme justicia de mi adversario».
>
> —Lucas 18:3

En esta parábola, la palabra justicia aparece cuatro veces, y literalmente significa: «Dame lo que justo me pertenece». El punto es que esta viuda tenía el derecho legal de recibir lo que estaba pidiendo. Ella no estaba pidiendo misericordia, ni favores; ella quería lo que de forma legal le pertenecía. Jesús pregunta al final: «¿Encontrará fe (perseverancia) el Hijo del Hombre en la tierra?»

> «¿Y acaso Dios no hará justicia a sus escogidos, que claman a él día y noche? ¿Se tardará en responderles? Os digo que pronto les hará justicia. Pero cuando venga el Hijo del Hombre, ¿hallará fe en la tierra?»
>
> —Lucas 18:7,8

Hay dos aplicaciones a esta pregunta: Jesús asocia la fe con nuestro conocimiento acerca de cuáles son nuestros derechos legales y nuestra perseverancia en la oración hasta que esos derechos sean concedidos y garantizados. Hay una gran diferencia entre tratar de buscar y apropiarse de una herencia a la cual se tiene derecho y tratar de apropiarse de una herencia a la cual no se tiene derecho alguno. Esaú insistió, persistió y trató de poseer la bendición generacional que ya había sido entregada a Jacob. Pero nada pudo hacer porque él mismo había vendido sus derechos, ya la bendición no le pertenecía. Debemos tener en cuenta que no hay persistencia que pueda cambiar la realidad de los derechos legales. Jesús nos da a entender que es vital para la última generación, antes de que él venga, conocer sus derechos legales y tener pasión por poseer su herencia.

Pertenecer al reino consiste también en conocer los derechos que tenemos como ciudadanos e hijos de Dios.

Hay algunas preguntas que tenemos que hacernos como hijos:

¿Estoy dispuesto a pagar el precio de la obediencia como hijo? ¿Estoy dispuesto a ser criticado y rechazado por estar cerca de mi padre? ¿Tengo el deseo de estar cerca de mi padre espiritual? ¿Estoy dispuesto a seguir perseverando en oración hasta que mis derechos como hijo me sean otorgados? ¿Qué tanta pasión tengo por poseer mi herencia? ¿Jesús encontrará en mí una fe que perseverará hasta recibir mi herencia?

Algunos principios importantes

❖ Un buen hijo tiene pasión por Dios, ve a su padre natural y/o espiritual como el medio que Dios usa para bendecirlo; por lo tanto, lo honra de forma constante y lo ama y respeta, más allá de sus fallas.

❖ Un buen hijo está dispuesto a ser siervo en todo momento, no trata de tomar la herencia antes de tiempo o de forma equivocada, y siempre toma la iniciativa de buscar una relación con su padre.

❖ La relación de padre e hijo es posible con pocas personas y es una que imparte vida y espíritu.

❖ El padre es el que escoge a sus hijos.

❖ El desafío para los hijos es llegar a la madurez para poder recibir la herencia.

El poder de
honrar al Padre

En los últimos tiempos casi no se escucha mencionar la palabra honra. El honrar al padre y a la madre debe ser un valor que cada hijo debe atesorar y mantener. Hay millones de padres que en algún momento de sus vidas dieron todo lo que tenían por sus hijos. Les dieron dinero, amor, se esforzaron trabajando duro para enviarlos al colegio y a la universidad, les ayudaron a levantar sus propios negocios, les sirvieron, en fin, sacrificaron todo lo que tenían por ellos. Sin embargo, estos mismos padres hoy en día están pasando por necesidades financieras, viven en una extrema pobreza, y para algunos inclusive es muy difícil conseguir dinero para comer y vestir. Estos padres fueron abandonados por sus hijos debido a que estos se olvidaron de la honra que debían darles.

Esa es la misma condición que están experimentando algunos padres espirituales en estos tiempos, los cuales levantaron cientos de hijos en el ministerio, los ayudaron a conocer su propósito en Dios, los ayudaron a sanar su alma cuando estaban heridos, los apoyaron financieramente, les dieron identidad, les dieron valor, los endosaron en el ministerio, cooperaron con ellos para plantar iglesias, y ahora, porque esos hijos espirituales no supieron darle la honra debida a sus padres, estos están solos, abandonados y sin recursos para suplir sus necesidades. En la vida va a llegar el momento en que los padres no podrán trabajar con la misma fuerza de antes, y es en ese instante que la herencia de los hijos comienza a dar fruto. Es ahí cuando la honra toma lugar y los padres pueden disfrutar también de ese fruto.

Testimonio personal

Mi padre siempre me apoyó en mis estudios, pero me decía que después que los terminara tenía que ayudarle financieramente. Al terminar mis estudios así lo hice. Lo primero que le regalé fue un televisor, pues él siempre había deseado tener uno; y cuando se lo regalé, lo recibió con mucha alegría. No solo por el televisor sino por las primicias del fruto de la inversión que hizo en mí. Eso fue parte de mi honra hacia mi padre.

> «En mi primera defensa ninguno estuvo a mi lado, sino que todos me desampararon».
> —2 Timoteo 4:16

Hubo un momento en la vida de Pablo que todos los hijos espirituales lo abandonaron cuando él más los necesitaba. Pablo estaba en la prisión y sus hijos lo desampararon. Esto suele suceder cuando los hijos no tienen una revelación clara de lo que es honrar a sus padres en todo tiempo.

¿Qué es la honra?

Esta palabra proviene del verbo griego *timao*, que significa tener una actitud de honra hacia alguien, tenerle una gran estima, considerarlo preciado y con gran valor.

Hay varios vocablos hebreos para describir la palabra honra, pero el significado principal la define como ser estimado, honrado, valorado, apreciado y admirado; no solo de labios, sino con dinero o cosas materiales. Dios menciona que la honra que es expresada con palabras, y no con hechos, no es honra. La honra es una elección voluntaria que nace del corazón, y no es impuesta por nadie.

> «Dice, pues, el Señor: Porque este pueblo se acerca
> a mí con su boca, y con sus labios me honra, pero
> su corazón está lejos de mí».
>
> —Isaías 29:13

A través de todas las Escrituras existe una gran evidencia de
que la honra no solo es de labios, sino que siempre va acompañada de riquezas, oro, plata y bienes materiales. En el Antiguo
Testamento, Dios demanda que se le honre pidiendo los diezmos y las ofrendas.

> «El hijo honra al padre, y el siervo a su señor. Si,
> pues, soy yo padre, ¿dónde está mi honra?»
>
> —Malaquías 1:6

En el Nuevo Testamento, Pablo nos manda a honrar con dinero, a los ministros y a las viudas.

> «Honra a las viudas que en verdad lo son».
>
> —1 Timoteo 5:3

Dios siempre, tanto en el Antiguo como en el Nuevo Testamento, ha mandado a su pueblo a que honre a las viudas con
dinero.

> «Los ancianos que gobiernan bien, sean tenidos
> por dignos de doble honor, mayormente los que
> trabajan en predicar y enseñar. Pues la Escritura
> dice: No pondrás bozal al buey que trilla; y: Digno
> es el obrero de su salario».
>
> —1 Timoteo 5:17,18

Dios también nos manda a honrar a aquellos ministros que
gobiernan bien la casa de Dios, y a los que predican y enseñan
con doble honor; o sea, más que al resto.

Otra forma de honrar al hombre y a la mujer de Dios es teniendo una actitud correcta para recibir y oír sus enseñanzas.

> «Y les dijo: Cualquiera que reciba a este niño en mi nombre, a mí me recibe; y cualquiera que me recibe a mí, recibe al que me envió».
>
> —Lucas 9:48

Cuando alguien nos rechaza, al desechar el mensaje que llevamos de parte de Dios, no nos está rechazando a nosotros sino a Jesús.

> «El que a vosotros oye, a mí me oye; y el que a vosotros desecha, a mí me desecha; y el que me desecha a mí, desecha al que me envió».
>
> —Lucas 10:16

Es responsabilidad de cada hijo e hija honrar a su padre natural y espiritual, sin esperar a que llegue a la vejez para hacerlo; y sobre todas las cosas, tenemos que aprender a honrar a nuestro Padre celestial.

¿Hacia quiénes debemos mostrar la honra primordialmente?

> «Pagad a todos lo que debéis: al que tributo, tributo; al que impuesto, impuesto; al que respeto, respeto; al que honra, honra».
>
> —Romanos 13:7

1. A nuestro Padre celestial

> «El hijo honra al padre, y el siervo a su señor. Si, pues, soy yo padre, ¿dónde está mi honra? y si soy señor, ¿dónde está mi temor? dice Jehová de los

ejércitos a vosotros, oh sacerdotes, que menospreciáis mi nombre. Y decís: ¿En qué hemos menospreciado tu nombre? En que ofrecéis sobre mi altar pan inmundo».

—Malaquías 1:6

Estos versos nos hablan de dos razones por las cuales el pueblo de Israel no estaba honrando al Padre celestial. Primero, traían una ofrenda inmunda al altar; es decir, ofrecían animales que estaban enfermos, ciegos, cojos y que no servían para nada más. Hoy en día esta acción es equivalente a traer lo que nos sobra para Dios. Y segundo, estaban tomando la mesa de Jehová como algo despreciable.

Y vosotros lo habéis profanado cuando decís: Inmunda es la mesa de Jehová, y cuando decís que su alimento es despreciable. Habéis además dicho: ¡Oh, qué fastidio es esto! y me despreciáis, dice Jehová de los ejércitos; y trajisteis lo hurtado, o cojo, o enfermo, y presentasteis ofrenda. ¿Aceptaré yo eso de vuestra mano? dice Jehová».

—Malaquías 1:12,13

Esto mismo es lo que está sucediendo con el pueblo de Dios. Es decir, cuando llega la hora de la ofrenda, le da fastidio, sale del servicio, empieza a pensar y a comentar: «En esta iglesia solo se habla de dinero». Todas estas acciones únicamente están demostrando que el tiempo de la ofrenda le resulta despreciable; y al mismo tiempo, que tiene en poco la mesa del Señor. Dios nos pregunta: «Si soy tu padre, ¿dónde está mi temor, mis bienes y mi ofrenda? ¿Quieres que yo pelee tus batallas, que te bendiga, te sane y salve a tu familia? Pues dame la honra, porque yo honro a los que me honran».

«Honra a Jehová con tus bienes, y con las primicias de todos tus frutos».

—Proverbios 3:9

Una vez más, Dios nos manda a honrarlo con todos nuestros
bienes. La honra a nuestro Padre celestial se le da con nuestra adoración, pero también con nuestros bienes, dinero y
riquezas. Para que Dios sea honrado con nuestros diezmos y
ofrendas tenemos que hacerlo con un corazón contento, sin
demora, con sacrificio, y según lo que uno tiene.

¿Por qué debemos honrar a nuestro Padre celestial?

Debemos honrar al Padre celestial porque él es Dios. Además, ha sido bueno con nosotros, sanó nuestro cuerpo, liberó
nuestra alma de muchas ataduras, nos quitó la culpabilidad,
nos salvó de la muerte, nos dio identidad, nos adoptó como
sus hijos, restauró nuestra familia, su amor y su misericordia
han sido grandes para nosotros. Por tal motivo, nuestra respuesta a todo esto debe ser la honra por medio de nuestra
adoración y de nuestros bienes materiales.

Algunos principios de la honra hacia nuestro Padre celestial
son:

❖ El Padre está buscando a un pueblo que tenga una
gran pasión y el deseo de honrarlo.

❖ Vivir en obediencia con el deseo de traer placer a nuestro Padre celestial es más admirable que hacer algo por
necesidad o para evitar las consecuencias del castigo de
Dios.

❖ Otra manera de honrar a nuestro Padre celestial es obedeciendo y haciendo las cosas como él las quiere, y no
hacerlas porque sí.

❖ Nuestra obediencia al Señor en medio de las crisis y los problemas le brinda gran honor a Dios.

❖ Un buen hijo de Dios debe estar dispuesto a pagar un alto precio con tal de darle honor a su Padre celestial.

❖ La falta de interés por los asuntos del Padre significa deshonrar a Dios, hasta el punto de ser vista como un insulto intencional.

❖ Cuando tenemos pasión por Dios lo vamos a demostrar por medio de llevar a cabo su propósito en nuestra vida. Esa también es una forma de darle honra a Dios, nuestro Padre. Mientras que nuestra pasión por honrar a nuestro Padre celestial crece, él añade bendiciones a nuestros hijos, poniendo en la cuenta de ellos la herencia para ayudar a la siguiente generación a cumplir su propósito.

❖ El honor es la garantía que mantiene encendida la llama del amor en nuestra relación con nuestro Padre celestial.

2. A nuestro padre espiritual

Un padre espiritual es uno que invierte su vida, dones, habilidades, dinero y recursos para sacar a un hijo del abandono y conducirlo al crecimiento espiritual; además, le da identidad, lo endosa y lo lleva a encontrar su propósito. El padre espiritual es la persona que Dios usa como una fuente para darnos el ánimo, la guía, la corrección y la disciplina. Es aquel que constantemente nos está enseñando los caminos de Dios, es la persona que Dios usa para alimentarnos y dar vida continua a nuestro espíritu.

La mayoría de los pastores y los ministros entregan su diezmo personal en sus propias iglesias, lo que significa que se están pagando a sí mismos, y por eso no prosperan. El diezmo personal de un pastor o ministro debería ser entregado al padre o a la cobertura espiritual, o sea, a uno mayor en autoridad, ya que el diezmo debe ir en dirección ascendente por orden de autoridad. El menor siempre debe darle al mayor, como fue en el caso de Abraham y Melquisedec. Este es un principio bíblico de honra.

> «Porque este Melquisedec, rey de Salem, sacerdote
> del Dios Altísimo, que salió a recibir a Abraham
> que volvía de la derrota de los reyes, y le bendijo, a
> quien asimismo dio Abraham los diezmos de todo;
> cuyo nombre significa primeramente Rey de justi-
> cia, y también Rey de Salem, esto es, Rey de paz...
> permanece sacerdote para siempre».
> —Hebreos 7:1-3

El aceite (la unción) fluye siempre de arriba hacia abajo. Si el hijo no diezma directamente a su padre o cobertura espiritual, no hace la conexión en el espíritu para recibir la unción que hay sobre su padre. La honra al padre que se expresa a través de los bienes naturales es uno de los factores que produce que el hijo reciba la misma bendición y unción del padre.

> «¡Mirad cuán bueno y cuán delicioso es habitar
> los hermanos juntos en armonía! Es como el buen
> óleo sobre la cabeza, el cual desciende sobre la
> barba, la barba de Aarón, y baja hasta el borde de
> sus vestiduras; como el rocío de Hermón, que des-
> ciende sobre los montes de Sion; porque allí envía
> Jehová bendición, y vida eterna».
> —Salmo 133:1-3

Testimonio personal

Un día le pregunté al Señor por qué algunos de mis hijos

espirituales no se movían con la misma unción y autoridad que yo me movía, si ellos habían estado cerca de mí, me vieron ministrar y yo les impartí todo lo que tenía. La respuesta de Dios a esta pregunta fue: «No es suficiente con estar cerca del padre espiritual para recibir la unción y la herencia, también es necesario honrar, estimar, apreciar y valorar al padre espiritual para recibir sus bendiciones. Al observar a mis hijos desde este punto de vista, noté que algunos de ellos nunca me habían honrado. La honra es un principio fundamental para fluir con la unción del padre».

Pensemos y reflexionemos por un instante: ¿Cuántos hombres y mujeres de Dios han dado la vida por el evangelio, levantaron iglesias, levantaron hijos en el Señor, invirtieron todos sus recursos y pagaron un precio enorme para que sus hijos espirituales conocieran su propósito en el ministerio? Sin embargo, la mayoría de esos padres espirituales hoy día se encuentran en necesidad y mueren en deshonra y pobreza. ¿Dónde están esos hijos que recibieron su herencia? ¿Dónde están esos hijos que recibieron su impartición? ¿Dónde están esos hijos que recibieron bendición, adiestramiento, enseñanza y formación? Tal parece que esos hijos abandonaron y deshonraron a sus padres espirituales. Esta es una actitud que Dios juzga. Muchos son los padres espirituales que hoy están buscando la manera de sobrevivir en el ministerio porque no recibieron la honra de sus hijos espirituales. Nosotros, como verdaderos hijos, de alguna manera tenemos que compartir los frutos de la herencia que nos fue dada por nuestros padres para poder honrarlos.

Hoy día hay muchos hijos que disfrutan de grandes ministerios gracias a la impartición y a la bendición de su padre espiritual, y también debido a que sus vidas fueron cambiadas por la enseñanza, la revelación y la impartición recibida. Eso sin contar con el precio que tuvo que pagar ese padre para que el hijo prosperara en su negocio, para que tuviera un matrimonio estable y supiera cuál era el camino que lo llevaría al éxito en Dios. Esta persona, como padre espiritual, se ocupó de sanarlo cuando llegó herido por el pecado, por el mundo o por otro ministerio. Y ahora ese hijo cree que no le debe nada a nadie y le quita a ese padre, que pagó el precio por él, la honra que merece. ¿Podrá usted, como un buen hijo, honrar a aquellos que lo bendijeron en su caminar con Cristo?

Nunca debemos esperar que nuestro padre espiritual y natural no sea capaz de valerse por sí mismo para honrarlo. Muchos de estos padres nos han enseñado revelaciones que a nosotros no nos costaron nada, pero que a ellos les costó todo: persecución, dinero, rechazo, sufrimiento, tiempo, horas sin dormir, su familia, entre otras cosas. Yo creo que nosotros como hijos le debemos honor, admiración, apreciación, estima y honra a nuestro padre espiritual y natural a través de nuestros bienes materiales.

3. A nuestro padre natural o terrenal

> «Honra a tu padre y a tu madre, que es el primer mandamiento con promesa».
>
> —Efesios 6:2

La honra a nuestro padre natural no depende de lo bueno o malo que haya sido; es un mandamiento de Dios, el cual, si lo desobedecemos, trae maldición. La honra que se expresa a través del dinero no depende de que nuestro padre natural o espiritual tenga o no muchos recursos, pues de todas maneras tenemos que honrarlo porque es un mandato de Dios.

Hay muchos hijos que están preguntándose hoy: «Pastor, pero ¿cómo puedo honrar a mi padre si me abandonó, me rechazó, no me proveyó cuando lo necesitaba y me maltrató?» En este caso, debe pedirle al Espíritu Santo que le ayude; y cuando lo haga, Dios comenzará a liberarlo de la falta de perdón, la amargura y el odio.

¿Cuáles son las maldiciones que vienen sobre los hijos e hijas que no honran a sus padres naturales?

❖ **Los demonios los devoran.**

> «El ojo que escarnece a su padre y menosprecia la enseñanza de la madre, los cuervos de la cañada lo saquen, y lo devoren los hijos del águila».
> —Proverbios 30:17

Los cuervos son una tipología de los demonios. El hijo que maldice, se burla y menosprecia la enseñanza de su padre, ocasiona que los demonios lo saqueen y le roben todo aquello que amontonó.

❖ **Su espíritu vivirá en completa oscuridad.**

> «Al que maldice a su padre o a su madre, se le apagará su lámpara en oscuridad tenebrosa».
> —Proverbios 20:20

Hay oscuridades a las cuales se puede entrar por varias razones; ya sea por haber consumido droga, por haber entrado a la pornografía, por tomarse un primer trago. Sin embargo, de todas estas se puede salir. Pero en el caso de los hijos que maldicen a los padres, las oscuridades son tenebrosas; y se llaman así porque en la mayoría de los casos los hijos mueren de forma violenta, otros terminan en una completa miseria, con una falsa doctrina, o mueren antes de tiempo porque no tienen la bendición de disfrutar de una larga vida. Hay tres padres a los cuales tenemos que honrar. Primero, y sobre todos, debemos honrar a nuestro Padre celestial; luego, a nuestro padre espiritual y a nuestro padre natural.

El hijo debe ser agradecido. Si usted quiere estar libre de ciertas maldiciones tiene que bendecir y honrar a su padre y a su madre natural.

¿Por qué hay hijos que no honran a sus padres?

❖ **Por el orgullo y la soberbia.**

> «Antes del quebrantamiento se eleva el corazón del hombre, y antes de la honra es el abatimiento».
> —Proverbios 18:12

Podemos asumir que la falta de honra es también falta de humildad, y la falta de humildad siempre indica la presencia de un espíritu de orgullo. Cuando un hijo no honra a su padre espiritual o natural es porque cree que todo lo que es y lo que tiene no fue gracias a su padre, sino que vino por su propia habilidad y fuerza. Piensa que todo lo que es hoy también lo hubiera podido alcanzar por sí mismo, sin la ayuda del padre. Ese es el mismo espíritu que operó en Lucifer. Todos nosotros somos producto de la influencia positiva o negativa de un padre.

¿Qué hacer para sostener la honra de nuestros padres?

❖ **Debemos caminar en humildad.**

> «La soberbia del hombre le abate; pero al humilde de espíritu sustenta la honra».
> —Proverbios 29:23

Dos verdades importantes que deben aprender los hijos son que la poca honra es equivalente a la rebeldía, mientras que la demasiada honra es igual a la idolatría. Por tal motivo debemos encontrar un balance en todo lo que hacemos.

¿Cuáles son las maldiciones de no honrar a nuestro Padre celestial, espiritual y natural?

❖ Los hijos pierden su herencia.

En el caso de Giezi, en vez de darle la honra a Eliseo se la robó, cuando decidió actuar por su cuenta y pedirle a Naamán algo que no le correspondía. Este hecho causó que el juicio de Dios cayera sobre él, recibiendo la misma lepra de la que había sido libre Naamán.

Hoy día hay muchos hombres que proclaman que han recibido grandes revelaciones de parte de Dios, pero en realidad estas son de otros hombres. Dios castiga estas actitudes.

También se ve el caso de hombres y mujeres que están comiendo del fruto de otro hombre; ya sea por medio de la revelación, la enseñanza, la instrucción, la impartición, la liberación, la guía, entre otras cosas. No obstante, no dan honra a cambio, ni tampoco tienen una relación con esa persona que les está ofreciendo todos esos beneficios. Esta actitud se ve como deshonra, y Dios la lleva a juicio.

Un verdadero hijo tiene el derecho a los bienes del padre por medio de la herencia, siempre y cuando honre al padre y le dé una razón correcta para usar los beneficios de su legado. Sin embargo, podemos decir que si no hay una relación cercana de padre a hijo, cualquier fruto que tome el hijo del padre es una honra robada. Es decir, un hijo no tiene derecho a los bienes de su Padre cuando no le honra; por lo tanto, si toma algo de esos bienes, le está robando.

❖ Los milagros no ocurren cuando no se honra al Padre celestial, al hombre o a la mujer de Dios.

«Y se escandalizaban de él. Pero Jesús les dijo: No

hay profeta sin honra, sino en su propia tierra y en
su casa. Y no hizo allí muchos milagros, a causa de
la incredulidad de ellos».

—Mateo 13:57,58

Jesús no pudo hacer milagros porque no le dieron honra en
su ciudad. Eso mismo ocurre hoy en día en cualquier lugar
donde los hijos no honran al padre, el Señor no puede hacer
milagros.

¿Cuáles son las bendiciones de honrar a nuestro padre natural?

❖ En todo lo que emprendamos nos irá bien.

«Honra a tu padre y a tu madre ... para que te
vaya bien».

—Efesios 6:2,3

Hoy día, hay muchos hijos a los que no les va bien en la vida,
nada de lo que emprenden prospera. Sin embargo, aquellos
hijos que saben cómo honrar a su padre ven florecer todo lo
que tocan.

❖ Tendremos larga vida en la tierra.

«Honra a tu padre y a tu madre ... para que ... seas
de larga vida sobre la tierra».

—Efesios 6:2,3

Hay muchos hijos que mueren a temprana edad, ya sea en
accidentes violentos o en situaciones raras y fulminantes, porque no han sabido honrar a su padre natural.

❖ La honra es un mandamiento con promesa.

«Honra a tu padre y a tu madre, que es el primer mandamiento con promesa».

—Efesios 6:2

❖ Una de las razones por las cuales debemos honrar a nuestro padre natural es que él es la figura más cercana a Dios que tenemos en la tierra.

Resumen de los puntos importantes:

❖ La honra al padre se demuestra con aprecio, admiración, estima y bienes materiales.

❖ La honra expresada solo de labios, no es honra.

❖ La honra y el dinero van siempre de la mano.

❖ Las tres figuras más importantes a las que debemos honrar sobre todas las cosas son: el Padre celestial, el padre espiritual y el padre natural.

❖ Los pastores y los ministros deberían entregar sus diezmos y ofrendas como honra a sus padres espirituales, y no reciclarlos en la iglesia.

❖ El no honrar al padre natural acarrea muchas maldiciones.

❖ El orgullo es la causa principal de que los hijos no honren a sus padres.

❖ Una de las causas por las cuales muchos hijos espirituales no reciben la herencia de su padre espiritual es la falta de honra.

❖ La honra es un mandamiento con promesa, y Dios ha prometido bendecir a aquellos hijos que lo obedezcan con larga vida y prosperidad.

Capítulo

9

Conociendo al Dios trigeneracional

El mundo de hoy sabe poco o nada de Dios, mucho menos sabe de qué manera él actúa ni cómo lleva a cabo sus planes en la vida de los hombres; ni siquiera sabe que Dios tiene propósitos con la vida del ser humano. Sin embargo, los planes de Dios para nosotros son enormes y van más allá de lo que podemos imaginar, tanto más allá que nuestra propia vida no alcanza para cumplirlos. Debido a esto, Dios lleva a cabo sus promesas y su voluntad para la vida de un hombre en varias generaciones. Los planes de Dios para un hombre nunca tienen que ver con ese hombre solamente, sino que siempre involucran familias, ciudades, naciones y el mundo entero. Esto se debe a que el tiempo de vida de un solo hombre no alcanza para completar un plan tan grande y de tanto impacto. Los planes de Dios son muy extensos, por lo que necesita llevarlos a cabo de generación en generación.

Por tal motivo, Dios habla siempre como el «Dios trigeneracional». Él bendice en una generación a las generaciones que vienen detrás de esta, guarda su pacto con aquellos que le aman y manifiesta su misericordia por mil generaciones. No obstante, de la misma manera también visita la iniquidad de los padres sobre sus hijos hasta la tercera y cuarta generación.

> «Además dijo Dios a Moisés: Así dirás a los hijos de
> Israel: Jehová, el Dios de vuestros padres, el Dios

de Abraham, Dios de Isaac y Dios de Jacob, me ha
enviado a vosotros. Este es mi nombre para siempre; con él se me recordará por todos los siglos».
—Éxodo 3:15

Si hemos recibido la revelación de este principio, seamos sabios
y cambiemos el enfoque de nuestra vida y de la forma en que
educamos a nuestros hijos naturales y espirituales para que
Dios visite nuestras generaciones con bendición. Dios hizo ciertas promesas a Abraham, pero no todas se cumplieron durante
el transcurso de su vida; varias de ellas se tardaron tres generaciones para comenzar a manifestarse.

Todo parece indicar que los propósitos de Dios son tan grandes
que raras veces los lleva a cabo en la vida de un solo ser humano; ya que el hombre vive en esta tierra un tiempo aproxima-
do de setenta años, y los más saludables, más o menos hasta
ochenta. Ese es un período de tiempo muy corto para que el
plan o propósito de Dios con un individuo pueda llevarse a
cabo por completo. Los planes y propósitos de Dios son tan
grandes que se necesita por lo menos de tres generaciones para
terminar de cumplirlos, y su impacto sigue afectando al mundo
por muchas generaciones más.

Para que el reino de Dios se establezca de forma correcta en la
tierra tiene que hacerse de forma generacional; ya que, para que
un hombre pueda cumplir la voluntad de Dios, primero tiene que
conocer a Dios y luego obedecerle, y eso toma bastante tiempo.
A muchos de nosotros nos cuesta entender y conocer los misterios
de Dios, aun teniendo su palabra revelada en las Escrituras.

Si hay una completa y correcta transferencia de una generación
a otra, la siguiente va a acelerar el paso grandemente; lo que la
primera logró en veinte años, la segunda lo logrará en cinco. Por
ejemplo, lo que Abraham logró conseguir en cien años, Isaac lo
logró en cuarenta. Cuando la transferencia se hace del modo

correcto, el proceso de crecimiento se acelera, y esto le permite a Dios hacer en la segunda generación mucho más que en la primera. Si el fluir de la bendición generacional es interrumpido, se va a forzar a que cada generación tenga que volver a comenzar, en vez de involucrarse en un fluir mayor de una bendición generacional.

El propósito general de una visión es unir generaciones, como ocurrió con Moisés y Josué, donde lo que Dios comenzó con Moisés lo continuó con Josué. Josué pudo llevar al pueblo de Israel a la tierra prometida en muy poco tiempo, mientras que Moisés fue quien pagó el precio de creer, de enfrentar a Faraón, de llevar a un pueblo acostumbrado a la esclavitud y a la dependencia de Egipto a ser un pueblo conquistador, libre en Dios y dispuesto a tomar lo que él les había prometido. Cambiar esa mentalidad les tomó cuarenta años dando vueltas en el desierto, pero una vez que se cambió la mentalidad, el trabajo de Josué se llevó a cabo en menos tiempo.

Cuando no se conoce bien a Dios y sus caminos, es muy difícil transferir correctamente una herencia de bendición a otras generaciones. Esto se debe a que para conocer a Dios hay tres factores que deben estar presentes:

1. La revelación de Dios

La revelación es la habilidad de nuestro espíritu para recibir del Espíritu Santo las verdades que él quiere comunicarnos para este tiempo y el tiempo futuro.

> «Antes bien, como está escrito: Cosas que ojo no vio, ni oído oyó, ni han subido en corazón de hombre, son las que Dios ha preparado para los que le aman. Pero Dios nos las reveló a nosotros por el Espíritu; porque el Espíritu todo lo escudriña, aun lo profundo de Dios».
> —1 Corintios 2:9,10

La revelación es otra herramienta o arma que tenemos para establecer el reino; y esto es con nuevas verdades que nos son reveladas por medio del Espíritu Santo para que podamos vivirlas, enseñarlas y transferirlas a las próximas generaciones. Pero no podemos quedarnos con una sola revelación recibida hace veinte años y pretender que el Espíritu Santo se siga moviendo de la misma manera. Dios no es rutinario ni religioso. El reino de Dios no se establece con las mismas herramientas todo el tiempo, sino invitando al precioso Espíritu Santo para que nos traiga una revelación fresca de cómo establecer el reino de Dios en cada situación y en cada generación.

2. La experiencia con Dios

La revelación no es suficiente si no va acompañada de experiencias vividas, en las cuales hayamos aprendido a confiar en Dios, a vivir por fe y a llevarle a él todos nuestros problemas, sin huir de ellos. Y también de encuentros personales con Dios, como los tuvieron y los tienen los verdaderos hombres de Dios.

3. La madurez espiritual

Es la habilidad de soportar y recibir tanto críticas, rechazos y ofensas como halagos y admiración de las personas sin que esto nos afecte; es decir, sin que nos desanime, nos deprima o nos enaltezca. También podemos decir que la madurez es la habilidad de conocer nuestra identidad en Dios, sin sentirnos inseguros u ofendidos porque otros tengan mayor éxito, unción, talento, habilidades y dones, o piensen diferente que nosotros. La madurez es llegar al final de uno mismo; es reconocer que no tenemos absolutamente nada ni nadie en quien depender, sino que solo tenemos a Dios.

Sin embargo, la madurez no es algo que se da de forma automática, sino que viene con el transcurso del tiempo. La madurez espiritual ocurre cuando ocupamos nuestro tiempo de forma productiva, obedeciendo a Dios.

El proceso de conectar generaciones es la mayor misión que tenemos como padres.

Hay tres verdades fundamentales que deben ser comunicadas a otras generaciones, las cuales son:

❖ Dios es un Dios y Padre trigeneracional, y no puede ser entendido de otra forma.

❖ Debe mantenerse una transferencia continua y efectiva con las generaciones que vienen detrás; si no es así, parte del plan se perderá y se retrasará el cumplimiento del propósito de Dios para las próximas generaciones.

❖ La manera correcta de transferir o pasar lo que tenemos y hemos recibido es practicando la «ley de la impartición».

¿Qué es la ley de la impartición?

Es dar, compartir una porción a otras personas de lo que tenemos, por ejemplo: conocimiento, provisión, gracia, poder, unción, dones y habilidades, lo cual se puede hacer por medio de las relaciones padre-hijo.

Por eso es muy importante conocer todo lo concerniente al mover apostólico. Ya que este conocimiento nos permite entender la necesidad que existe de la impartición a nuestros hijos naturales y espirituales de lo que tenemos, para que el plan y el propósito de Dios puedan cumplirse a cabalidad.

¿Cómo se lleva a cabo la impartición de un hombre a otro?

El espíritu de una persona está lleno de dones, virtudes, conocimiento y sabiduría; por eso, los que han comprendido este principio quieren estar expuestos de forma constante a esa llenura para que sea impartida a sus vidas. Esto no es algo meramente copiado, sino que el don que tiene una persona es impartido al espíritu de otra que lo está buscando, tiene el anhelo de recibirlo y no se detiene hasta que ese don le haya sido transferido.

❖ La impartición es una transacción de espíritu a espíritu que no ocurre simplemente por entrenamiento, usando libros, casetes o conferencias; sino que más bien sucede al trabajar, caminar y estar cerca del padre espiritual que tiene la unción y la gracia.

❖ La impartición es una autoridad delegada que se encuentra en personas con una mentalidad y un espíritu apostólico, las cuales comprenden que lo que tienen puede y debe ser pasado o transferido a otros.

Hay muchos líderes de ministerios que se levantan en universidades o en institutos bíblicos con mucha teoría en la cabeza, pero nunca tuvieron un padre que les impartiera de sí mismo; solo tuvieron maestros que les enseñaron, pero no les impartieron. Por lo tanto, al salir de la universidad no tienen nada heredado en su espíritu, porque el maestro enseña conocimiento intelectual pero no imparte nada más al estudiante, pues no hay una relación cercana. Sin embargo, hay otros que se colocan bajo verdaderos padres espirituales y sí llevan una herencia en su espíritu, ya que los padres les impartieron su unción.

Nuestra misión principal, nuestro reto y desafío es transferir e impartir lo que tenemos a otras generaciones; debido a esto, es necesario santificarse, limpiarse y llevar una vida íntegra. Es necesario consagrarse para que por medio de esa consagración ellos sean también consagrados, y esto los lleve a acelerar el plan de Dios para su generación.

Tomando el ejemplo de Abraham, vemos que hay ciertos incidentes en su vida sobre los cuales tuvo que tomar decisiones importantes, pues sabía que detrás de él había miles de generaciones que se verían afectadas por esas decisiones. Abraham es la fuente de las bendiciones generacionales. Su primer nombre, Abram, significa «padre exaltado», el cual más tarde fue cambiado a Abraham, es decir, «padre de multitudes»; esto fue debido a que estaba destinado a ser padre de todos aquellos que creyeren. Dios le prometió que por medio de él serían benditas las naciones de la tierra. Abraham fue el primer hombre en edificar, establecer y transmitir una herencia rica a las siguientes generaciones.

¿Qué tuvo que hacer Abraham para que su generación fuera exitosa?

1. Abraham creyó el propósito y la visión de Dios con todo su corazón.

Abraham sabía que muchas generaciones venían detrás de él (Dios se lo había dicho con claridad), y que todo lo que decidiera afectaría de forma positiva o negativa a sus descendientes. Dios le dio una visión y luego una orden clara, la cual hubiese podido obedecer o desobedecer.

Aquí nos damos cuenta de que Dios a veces nos permite decidir entre ciertas opciones. Las decisiones que tomamos cuando tenemos la libertad de escoger revelan nuestro corazón mucho más que cuando solo obedecemos un mandamiento, ya que en un mandamiento dado por Dios no tenemos la oportunidad de elegir o decidir, simplemente tenemos que obedecer. Estos tipos de decisiones, las cuales estamos haciendo todo el tiempo, enriquecen nuestra herencia o nos la roban progresivamente, llevándonos a la bancarrota espiritual. Hay muchos hijos naturales y espirituales que hoy sufren las consecuencias de las malas decisiones de sus padres. Por tal motivo, nosotros como padres espirituales tenemos que entender que cada decisión que tomemos de obedecer o desobedecer a Dios va a afectar a los miles y millones que vienen detrás. Hay personas que solo ven el día de hoy, planifican para el presente, pero no piensan en los hijos que vienen detrás de ellas. Tenemos que tener la transferencia generacional como un valor en nuestras vidas.

Tomar la decisión de desobedecer a Dios tiene un alto precio; nos va a costar dinero, tiempo, heridas en nuestra familia, y a algunos, hasta la propia muerte y la de sus próximas generaciones. Por consiguiente, tenemos que pedirle a Dios que nos dé temor para modelar cada día una vida consagrada, dedicada a él y a obedecer su Palabra; es necesario santificarse por los que vienen detrás de nosotros. ¡Cuántos hijos hay hoy en el mundo que son el resultado de las malas decisiones de sus padres! ¡Cuántos hombres y mujeres están ahora en pecado, a causa de las malas decisiones de sus padres!

2. Abraham tuvo que vivir y pagar el alto precio de la obediencia.

> «Y tomó Taré a Abram su hijo, y a Lot hijo de Harán, hijo de su hijo, y a Sarai su nuera, mujer de Abram su hijo, y salió con ellos de Ur de los caldeos, para ir a la tierra de Canaán; y vinieron hasta Harán, y se quedaron allí».
> —Génesis 11:31

Esta obediencia comenzó cuando Dios se le apareció a Abraham en Ur de los Caldeos y le dijo que dejara su tierra, su casa y su parentela para ir a la tierra que él le mostraría (es decir, que Abraham no conocía). Abraham le obedeció y fue llevado por Dios a través de diferentes rumbos y pruebas de obediencia, hasta que esa obediencia se fortaleció al máximo. Esto es confirmado cuando Abraham ofrece a su propio hijo Isaac en sacrificio al Dios que se lo había dado y en quien él había creído. Desarrolló tanto la obediencia que ni siquiera en este punto tuvo opciones para elegir, simplemente Dios le dio la orden y él obedeció.

Cuando Dios nos da un mandamiento claro sin ninguna opción, ante el cual solo tenemos que decidir si obedecemos o no, el costo de la obediencia puede parecer muy alto en ese momento, por lo que obedecer se hace en extremo difícil. Sin embargo, tenemos solo dos opciones: obedecer o desobedecer. Y ya conocemos las consecuencias de la última.

Hay muchas personas que cargan con las consecuencias de haber decidido no obedecer el llamado de Dios para sus vidas, ignorando que están afectando el destino de sus hijos, pues la herencia que Dios depositó en ellas nunca será transferida. Por lo tanto, y como consecuencia de su desobediencia, tendremos una segunda generación sin propósito y sin destino, la cual terminará en destrucción y muerte. Estas personas prefieren desobedecer a Dios y no pagar el precio de la obediencia porque les resulta muy alto. No obstante, aquellas que sí obedecieron dejando atrás tierra, casa, carrera, negocio, familia, fama y riquezas por el llamado de Dios, han sido recompensadas. Dios las ha bendecido, y ahora también sus hijos y los hijos de sus hijos disfrutan de las bendiciones, debido a que ellas tomaron las decisiones correctas y decidieron pagar el precio de obedecer a Dios.

3. Abraham tenía una fe tan grande que llegó a creerle a Dios incondicionalmente.

Un dato interesante es que la fe de Abraham no fue adquirida de modo instantáneo, sino que fue progresivamente desarrollada durante un tiempo, como lo podemos ver en la narración que comienza en el capítulo 12 y termina en el capítulo 22 de Génesis.

> «Abraham, el cual es padre de todos nosotros (como está escrito: te he puesto por padre de muchas gentes) delante de Dios, a quien creyó, el cual da vida a los muertos, y llama las cosas que no son, como si fuesen. Él creyó en esperanza contra esperanza, para llegar a ser padre de muchas gentes, conforme a lo que se le había dicho: Así será tu descendencia».
>
> —Romanos 4:16-18

Aplicando esto a nuestros días, primero que todo tenemos que creer en nuestro corazón el propósito y la visión que Dios nos ha dado. Luego debemos saber que ese plan, ese propósito, ese diseño que Dios nos ha dado, no es solo para nosotros, sino también para la segunda y tercera generaciones que vienen después de nosotros. Sin embargo, este plan comienza primero en nuestra vida, y por esto tenemos que desarrollar nuestra fe y creerlo, de otra manera, nunca llegará a la siguiente generación.

Una vez que nos apropiamos de esta verdad (que Dios completa su plan para un hombre en tres o más generaciones), debemos comenzar a trabajar para hacer una buena transferencia de nuestra herencia espiritual y material a la siguiente generación. Si queremos hacer una transferencia exitosa de la bendición que Dios nos ha dado como padres, tenemos que tomar las decisiones correctas en la vida, las cuales no siempre serán fáciles. Por lo que es importante que tengamos siempre presente que el precio que tenemos que pagar por obedecer el llamado de Dios es muy alto, pero si estamos dispuestos a crecer en nuestro llamado, a recibir ese diseño y modelo, y a pasarlo a las otras generaciones para que lo completen, el reino avanzará.

Todo propósito y plan de Dios incluye tres o más generaciones, y cada una juega un papel importante en su tiempo.

1. La primera generación pelea las batallas contra el enemigo.

Esta sufre para prepararle el camino a los que vienen atrás. Volviendo al ejemplo de Abraham, podemos ver que él fue el que batalló, creyó y recibió la visión. A Abraham le tocó abrir el camino a través de la obediencia a un Dios que tomaba la iniciativa y le revelaba sus planes por partes.

2. La segunda generación es la que recibe la herencia.

Siguiendo el mismo ejemplo bíblico, encontramos que la segunda generación de Abraham fue Isaac, y que este recibió la herencia sin haber hecho prácticamente nada. De lo único que tuvo que ocuparse fue de aprender a recibir y a administrar la tierra prometida, la herencia que su padre Abraham había ganado en sus batallas de fe.

«Y Abraham dio todo cuanto tenía a Isaac».
—Génesis 25:5

Isaac no tuvo que luchar por las mismas cosas que luchó su padre. Abraham tuvo que batallar, creer y obtener la victoria para alcanzar las promesas de Dios. Isaac es una de las personas más pasivas de la Biblia, él nació en la tierra que Dios le había dado a su padre y nunca salió de ella; solo recibió la herencia. Abraham tuvo que salir por fe a buscar su promesa.

También, la segunda generación es la que cumple parte del propósito de Dios aquí en la tierra. Un ejemplo muy claro de esto es la historia de David y Salomón con respecto al templo de adoración a Dios. Fue David el que peleó las batallas y reunió gran parte del material necesario para construirlo, pero Salomón recibió la herencia y el privilegio de construirle una casa a Jehová.

Testimonio personal

Recuerdo cuánto nos costó a mi esposa y a mí comenzar la iglesia, comprar nuestra primera casa, el primer automóvil, construir la primera iglesia, y todo lo que hemos conseguido hasta ahora; tuvimos que trabajar duro, sudar, llorar y pelear grandes batallas de fe. Asimismo, para obtener los frutos que hoy se ven en el ministerio, tuvimos que pagar un precio muy alto. Dios nos dio la visión, el modelo y el diseño, pero establecerlo no fue fácil, ya que tuvimos que pagar el precio de la crítica y el rechazo. Sin embargo, las generaciones que vienen detrás ya no tienen que pagar el mismo precio que nosotros pagamos al comenzar. Nuestros hijos inician sus obras con los recursos físicos y espirituales y con gente que los apoya, porque el camino está preparado. Se pelearon las batallas, y ahora nuestros hijos ya no tienen que avanzar con el mismo grado de dificultad, sino que están recibiendo la herencia de lo que mi esposa y yo sembramos. ¡En comparación a nuestros inicios, qué fácil les está resultando levantar una iglesia o dedicarse al ministerio a tiempo completo! Pero esto es debido a que ya tienen el camino preparado. Todo padre quiere que sus hijos tengan lo que él no pudo tener y que alcancen lo que él no pudo alcanzar.

3. La tercera generación es la que cumple por completo el propósito de Dios.

Jacob era el nieto de Abraham. Su comienzo fue malo desde el momento en que nació. No obstante, Dios en su soberanía lo cambió y lo transformó de ser un tramposo y un engañador hasta llegar a ser príncipe de Israel y cumplir el propósito de Dios en su vida. Jacob iba a ser el instrumento para formar el linaje del Mesías, pues de él nacieron las doce tribus de Israel.

Jacob es la tipología de un creyente que quiere alcanzar las bendiciones de Dios por medio de la fuerza humana. Dios no nos necesita para cumplir su propósito, ni tampoco tenemos que hacer trampa para recibir nuestras bendiciones. Dios es Dios y hará lo que prometió. Es por eso que Dios le descoyuntó a Jacob el músculo durante la pelea que tuvo con el ángel en el camino.

Cada uno de nosotros debe tomar conciencia de que Satanás conoce la importancia de las transferencias generacionales, y por tal motivo, trata de levantar una brecha de división entre los padres y los hijos. Sin embargo, Dios, que conoce sus trampas y no permite que nada destruya sus propósitos, está restaurando el corazón de los padres hacia los hijos, pues esta transferencia de poder no es posible sin una restauración de la relación entre padres e hijos.

El plan del enemigo es siempre formar y levantar paredes para separar las generaciones.

Las que siguen son las tres razones por las que creo que es importante tener una revelación del Dios trigeneracional:

❖ **Necesitamos la sabiduría de los viejos.** Hay muchos hijos que no se dan cuenta de la sabiduría de los viejos y algunas veces los subestiman, pero la necesitamos para madurar en la vida.

❖ **Necesitamos los recursos de la generación presente.** Hay ciertos recursos existentes en la generación presente, los cuales debemos aprovechar.

❖ **Necesitamos el celo y la energía de los jóvenes.** Los jóvenes son la inspiración para llenarnos de celo y pasión para transmitir la visión.

Si unimos las fortalezas de las tres generaciones, podemos hacer avanzar el reino de Dios de una forma poderosa en la tierra. A continuación, reflexionaremos por medio de ciertas preguntas que podemos hacernos para ver en qué condiciones nos encontramos con respecto a la herencia y a la transferencia de la misma a las próximas generaciones. ¿Cuántos son hoy día los padres que tienen algo que ofrecer a la próxima generación? ¿Existen los padres ricos en Dios? Son muy pocos los ejemplos que vienen a nuestra mente para responder estas preguntas, por eso debemos trabajar arduamente, para que ese no sea nuestro caso.

¿Cómo podemos desarrollar un ministerio, una empresa o un hogar trigeneracional?

❖ **Para desarrollar un ministerio trigeneracional debemos tener una actitud de mayordomía y no de dueño.**

Cuando somos dueños, lo sabemos y actuamos como tales, pero cuando somos mayordomos, nos damos cuenta de que otro es el dueño y de que nosotros solo somos administradores, de que lo que tenemos es algo que nos ha sido encomendado. En la actualidad, las empresas, iglesias y ministerios que más crecen son aquellos que tienen líderes con una mentalidad de mayordomía, ya que están conscientes de la responsabilidad que tienen frente a lo que Dios les ha dado para administrar; saben que el dueño de todo es él y que ellos simplemente siguen las órdenes del Espíritu Santo. De esta forma se les permite hacer todo lo que esté a su alcance, pero sin tomar cargas que no les pertenecen, ya que si están dentro de la voluntad perfecta de Dios, él es el encargado de hacer que las cosas sucedan.

Tomando otro ejemplo de la Biblia, encontramos que al profeta Elías le costó pasarle el manto de la unción a Eliseo. Leemos que señaló: «Yo solo he quedado como profeta». Así que Dios dijo: «Si no hago algo con este hombre, se lleva el manto al cielo», y le proveyó valor a Eliseo para arrebatar la transferencia de la herencia que era la doble porción de la unción de Elías. De igual forma, hoy encontramos líderes que no quieren pasar el manto de la unción, que no quieren enseñar a otros porque tienen miedo de pasarles la bendición y perder con ello su posición de poder y de aparente seguridad.

Por eso vemos que Elías le dice a Eliseo: «Quédate aquí». Y Eliseo le contesta: «Yo no me voy de tu lado porque tú tienes algo de Dios dentro de ti que yo quiero que me transfieras».

> «Y dijo Elías a Eliseo: Quédate ahora aquí, porque Jehová me ha enviado a Bet-el. Y Eliseo dijo: Vive Jehová, y vive tu alma, que no te dejaré. Descendieron, pues, a Bet-el».
>
> —2 Reyes 2:2

Hay alguien que tiene algo de Dios que tú anhelas, que quieres, y para conseguirlo tienes que pegarte a esa persona; no la sueltes hasta que te lo dé, porque tiene algo tuyo. Eliseo entendió que Jehová era un Dios «trigeneracional», por eso dijo: «Aunque Elías no me quiera a su lado, yo voy a recibir lo que él tiene para mi generación». Si Eliseo no hubiese sido persistente, toda su generación se hubiese quedado sin herencia.

La razón por la cual muchos líderes dejan de recibir de un hombre de Dios y no siguen buscando su unción como herencia es que ven los defectos del hombre y no el tesoro divino que hay dentro de él.

❖ **Cada cambio y transición generacional implica un nuevo rol o función para la cabeza, para los líderes y para los hijos.**

Esto significa que si usted es anciano de la iglesia, mañana será maestro; su función cambiará. Si hoy es pastor, mañana será profeta; si antes era un líder de departamento, mañana será un líder de célula. No se aferre a las posiciones, mantenga una mentalidad de mayordomo. Esté dispuesto a cambiar su rol y su función, esté contento dondequiera que el Señor lo ponga. Nuestra belleza no radica en que podamos vernos o ponernos más jóvenes o más viejos, sino consiste en hacernos más sabios cada día, entendiendo los planes de Dios. Dios es un Dios trigeneracional.

Los padres tienen que volverse hacia los hijos para que ellos logren lo que nosotros como padres no hemos logrado, para que no haya divorcios en la familia, para que no haya drogadictos o alcohólicos, sino que todos sirvan a Dios. Dios se ha revelado a nosotros como nuestro Padre, y desea relacionarse con nosotros como tal, desea que recibamos de él como hijos. Sin embargo, después de recibir debemos impartir como padres y madres lo que hemos ganado y recibido como una bendición generacional para nuestros hijos, tanto varones como mujeres, espirituales como naturales, para que de esta manera se aumente la bendición a todas las generaciones que vienen después de la nuestra.

Principios importantes para recordar:

❖ Dios es un Dios trigeneracional y solo así puede ser entendido, no de otra forma.

❖ Los planes y propósitos de Dios con una persona son tan grandes que es imposible que se lleven a cabo todos en una sola generación.

❖ Hay tres formas de conocer a Dios: la revelación, la experiencia y la madurez.

❖ Abraham tuvo que tomar decisiones cruciales, pagar el alto precio de la obediencia y creerle a Dios incondicionalmente.

❖ El propósito de Dios incluye tres generaciones, de las cuales la primera generación pelea las batallas, la segunda recibe la herencia, y la tercera cumple por completo el propósito de Dios.

❖ Para desarrollar un ministerio o una empresa bajo el concepto de un Dios trigeneracional, debemos tener una mentalidad de mayordomos y estar dispuestos a cambiar nuestro rol como cabeza, dejando que nuestros hijos tomen nuestra posición cuando llegue el momento.

❖ Para desarrollar un ministerio o empresa trigeneracional tenemos que entender que necesitamos la sabiduría de los viejos, los recursos de las generaciones presentes, y el celo, la pasión y la energía de los jóvenes.

❖ La bendición generacional puede ser transferida a nuestros hijos por la ley de la impartición.

La herencia espiritual y material

Una de las grandes limitaciones de la sociedad moderna es que se ha perdido la capacidad de transferir la bendición generacional de una generación a la otra. La mayor parte de los padres no tiene un entendimiento de lo que es una herencia espiritual o material; por lo tanto, cuando ellos mueren, todas sus riquezas espirituales y materiales se pierden. La mentalidad de los padres de hoy en día se basa solo en hacer provisión espiritual y material para el presente, ignorando así el futuro para las generaciones que vendrán después de ellos. El tener un entendimiento cabal de la herencia espiritual y material para nuestras próximas generaciones debe ser un valor de cada padre, de otra manera sus descendientes quedarán en la bancarrota espiritual y material. Sin embargo, para poder asimilar este principio del reino es necesario primero que entendamos lo que es una herencia.

¿Qué es una herencia?

Es la acumulación de virtud, conocimiento, sabiduría, unción, gracia, provisión, riquezas y favor dada por Dios a un individuo para que este se la transfiera a sus hijos.

La bendición generacional

Es otorgar los beneficios tangibles a una persona o grupo de personas como resultado de los actos justos hechos en la generación anterior.

¿Cómo fluye la herencia espiritual o material de generación en generación?

La ley de la herencia es el medio por el cual se pone en movimiento una bendición o una maldición generacional para que esta fluya de padres a hijos, de generación en generación. Lo que va a determinar el tipo de herencia que le vamos a transmitir a nuestros hijos es la forma en que vivamos y las decisiones que tomemos en la vida.

Hay ciertas preguntas que tenemos que hacernos para saber si lo que vamos a transmitir a nuestras próximas generaciones es una maldición o bendición, y estas son: ¿Cómo es que un padre acumula riqueza en lo natural y en lo espiritual para después tener una herencia y pasársela a sus hijos? ¿Cómo se establece un hogar que será bendecido por varias generaciones? ¿Están nuestros hijos listos y preparados con el temor de Dios en su corazón para cuidar de su herencia? ¿Por qué los padres se hunden en la bancarrota espiritual y material, terminando sin nada para dejar por herencia a sus hijos, excepto pobreza espiritual acompañada de maldiciones generacionales? ¿Hemos enseñado a nuestros hijos los caminos de Dios y los valores morales para que se conduzcan con sabiduría en la vida? (De nada sirve que les dejemos a nuestros hijos una herencia material si no les hemos enseñado el amor a Dios.) Después de haber ganado bendición, ¿cómo puede un padre trasmitir la bendición generacional para que pueda haber un mayor impacto y beneficio sobre las siguientes generaciones? ¿Qué deben hacer los padres para garantizar una transferencia generacional exitosa?

Para tener un mayor impacto en las próximas generaciones hay un precio que pagar y decisiones que tomar:

1. Estar seguros de las decisiones que tomamos y de la forma en que vivimos.

Estos dos factores nos afectan personalmente y también afectan por lo menos a varias generaciones de aquellos que nos siguen y tienen nuestro ADN. La casa que edificamos «vivirá» mucho más allá de lo que nosotros podamos vivir, y afectará nuestro mundo por varias generaciones.

La Biblia Amplificada dice:

> «El hombre justo camina en su integridad, bende-cidos [felices, afortunados y bienaventurados] son los hijos que siguen después de él».
> —Proverbios 20:7

¡Qué importante y crítico es escoger una forma de vida ínte-gra, recta y justa, viviendo en el temor de Dios cada día! Debemos pedirle al Señor que nos guíe en cada decisión que tomemos, recordándonos a nosotros mismos que cada decisión y cada acción nuestra afectará a nuestros hijos.

Alrededor de todo el mundo hay hijos cosechando las malas decisiones de sus padres, convertidos en alcohólicos porque sus padres eran alcohólicos, perdidos en el pecado del adul-terio, la fornicación, la avaricia o la drogadicción debido a las malas decisiones de sus padres.

Existe un momento en nuestras vidas en el que tenemos que escoger entre el bien y el mal, como le sucedió a Abraham cuando llegó a Siquem (lugar donde está la voluntad). Allí Abraham ejercitó su voluntad al decirle que sí al llamado de Dios, tal como el Señor se lo había pedido. Con esto no quie-ro decir que los hijos no tienen la habilidad de escoger; ellos también tienen ese derecho, pero es más fácil que un hijo siga el camino que le traza su padre. Más aun cuando el padre ha tomado decisiones sabias y ha llevado una vida de integridad.

El recibir una herencia rica y buena, tanto en lo espiritual como en lo material, depende del fluir de la impartición y la bendición de generación en generación en la familia de Dios. Abraham fue escogido como el padre de la fe porque Dios podía decir de él lo siguiente:

> «Porque yo sé que mandará a sus hijos y a su casa después de sí, que guarden el camino de Jehová, haciendo justicia y juicio, para que haga venir Jehová sobre Abraham lo que ha hablado acerca de él».
> —Génesis 18:19

2. Aprender de las lecciones y de las bendiciones que dieron Abraham, Isaac y Jacob a sus descendientes.

Aunque en las Escrituras no se menciona, o no hay un registro de un suceso en particular que hable de una impartición o bendición dada a Isaac por parte de Abraham desde el lecho de muerte, podemos reconocer que la hubo, pues el fruto habla por sí solo.

¿Cuál era la mayor preocupación de Abraham?

Abraham solo pensaba en que Isaac se casara con la mujer correcta y en poder bendecirlo a él y a sus próximas generaciones. Él comprendía que una mujer en la vida de un hombre puede ser una ayuda para continuar la bendición o una piedra de tropiezo para destruir o cortar la bendición de una familia. Después de la muerte de Abraham, la Escritura nos habla de cómo Dios bendijo a Isaac.

> «Y sucedió, después de muerto Abraham, que Dios bendijo a Isaac su hijo; y habitó Isaac junto al pozo del Viviente-que-me-ve».
> —Génesis 25:11

Luego vemos cómo Isaac bendijo a Jacob, y Jacob bendijo a los hijos de José y a los doce patriarcas. Más adelante explicaremos con más detalles cómo se lleva a cabo una transmisión generacional y por qué algunos no la pueden concretar.

Debemos aprender de los hombres y mujeres que han caminado con Dios por mucho tiempo. Una de sus mayores enseñanzas es cómo usar el tiempo de forma eficaz, pues ellos tienen un profundo entendimiento de Dios y de sus caminos, lo cual es el resultado de invertir largo tiempo para conocerlo. Ellos pueden impartirnos esa riqueza en menos tiempo del que les tomó a ellos aprenderlo. Como resultado, debemos ir más allá con cada generación si esta funciona apropiadamente.

Veamos a continuación algunos consejos sabios dirigidos a los padres para que puedan transmitir a sus hijos la bendición generacional. Como padre:

❖ Debe dar un buen ejemplo en todas las áreas, en especial cuando es tratado de mala manera o cuando las cosas salen mal.

❖ Esté disponible para sus hijos y déles acceso a usted todo el tiempo.

❖ Sea un verdadero ejemplo de cómo confiar vigorosamente en fe para todas las cosas y en toda circunstancia.

❖ Permita que sus hijos vayan con usted a todo lugar que sea posible llevarlos, para así aprovechar cada momento y enseñarles o impartirles lo que usted tiene.

❖ En el momento apropiado y cuando el Señor le dirija, bendígalos y déles su herencia por medio de la imposición de manos y la profecía.

¿Por qué los hijos espirituales y naturales fallan en recibir la herencia?

1. Por no honrar a sus padres.

Para un hijo, honrar al padre espiritual y natural es el comienzo para recibir la herencia, pero muchos hijos no lo hacen. Este fue el caso de Cam, que como consecuencia de su falta de honra en vez de bendición recibió maldición de parte de su padre.

> «Y Cam, padre de Canaán, vio la desnudez de su padre, y lo dijo a sus dos hermanos que estaban afuera».
>
> —Génesis 9:22

La verdadera honra se demuestra hablando palabras positivas hacia sus padres, rindiéndoles cuentas y apoyándolos con bienes materiales. Si alguna de estas tres formas de honra falta, entonces no hay honra verdadera. También es necesario cubrir la desnudez de su líder y pastor, o de otra forma, podría perder la herencia.

2. Por no valorar su primogenitura ni su herencia.

Este tipo de hijo no busca de Dios, y está más interesado en las cosas terrenales que en las espirituales, como fue el caso de Esaú.

> «No sea que haya algún fornicario, o profano, como Esaú, que por una sola comida vendió su primogenitura. Porque ya sabéis que aun después, deseando heredar la bendición, fue desechado, y no hubo oportunidad para el arrepentimiento, aunque la procuró con lágrimas».
>
> —Hebreos 12:16,17

3. Por tener una familiaridad equivocada con la presencia de Dios y la unción de su padre espiritual.

«Cuando llegaron a la era de Nacón, Uza extendió su mano al arca de Dios, y la sostuvo; porque los bueyes tropezaban. Y el furor de Jehová se encendió contra Uza, y lo hirió allí Dios por aquella temeridad, y cayó allí muerto junto al arca de Dios».

—2 Samuel 6:6,7

Hay algunos hijos que, cuando ven la desnudez o la parte humana de su padre espiritual, lo toman a la ligera o se familiarizan con él, y después dejan de recibir, ignorando que no se trata del hombre, sino del tesoro del peso de gloria dentro de él.

4. Por no tener verdaderas hambre y sed de Dios.

Esta es la condición de los hijos que disfrutan de todos los beneficios de la posición de su padre de forma carnal, liquidando así su herencia espiritual. Un claro ejemplo de esto son los hijos de Elí y los de Samuel. Ellos se la pasaban satisfaciendo los deseos de su carne, pendientes de las mujeres y los vicios, ciegos por completo y sin hambre ni sed de Dios.

5. Por tener una lealtad mayor hacia su familia que hacia Dios.

Un ejemplo de esto fue Jonatán, el hijo del rey Saúl. Jonatán le juró lealtad a David antes de que este saliera huyendo de la mano asesina de su padre, y cuando Saúl perseguía a David para matarlo, él escogió quedarse del lado de su padre, aunque este estuviera fuera de la voluntad de Dios. La verdadera lealtad de un hijo primero es hacia Dios y después hacia su familia.

6. Por vivir de lo que han escuchado de otros y de los padres, sin haber tenido una verdadera experiencia con Dios.

Hay muchos hijos que nunca han tenido un encuentro verdadero con Dios, nunca han experimentado su presencia; piensan que porque sus padres conocieron a Dios ellos no necesitan pasar por esa experiencia y no se entregan genuinamente a él. La relación con Dios es personal, pues Dios no tiene nietos, sino hijos.

¿Por qué los padres fallan en transmitir la herencia a sus hijos espirituales y naturales?

1. Porque algunos no dedican el tiempo suficiente a sus hijos.

Los padres, por estar demasiado ocupados en sus obligaciones con el ministerio, con los negocios, y con los afanes de la vida, van descuidando a sus hijos. Un ejemplo de esto fue Elí, ya que mientras él se ocupaba del sacerdocio de la casa de Dios, sus hijos se acostaban con las mujeres que dormían a las puertas del templo. Hoy día vivimos en una sociedad afanada, en la cual los hombres y las mujeres no tienen tiempo para nada. Como resultado de esto, hemos perdido uno de los valores familiares más importantes, como lo es dedicar tiempo de calidad a nuestros hijos.

2. Porque no son buenos ejemplos.

Algunos padres no modelan lo correcto, convirtiéndose en piedras de tropiezo para el sano crecimiento de sus hijos. Nuestros hijos hacen lo que les modelamos en casa.

3. Porque se entregan a las presiones de sus esposas y desobedecen a Dios.

Un ejemplo claro de esto fue la esposa de Moisés con relación al tema de la circuncisión. Al principio, Séfora no quería que Moisés circuncidara a uno de sus hijos, pero cuando vio que Dios iba a matar a Moisés, entonces ella misma cortó el prepucio del niño y lo tiró a los pies de su esposo. Hay muchas mujeres insensatas que no son de apoyo espiritual y emocional para su esposo y se convierten en un tropiezo para la transferencia de la herencia a sus hijos.

4. Porque algunos padres le dan a sus hijos todo lo que piden, y no los reprenden ni los disciplinan cuando hacen algo malo o incorrecto.

Hemos encontrado padres que sobreprotegen tanto a sus hijos que les dan todo lo que ellos desean, y cuando hacen algo malo, no los corrigen, dejando que crezcan torcidos y que no sepan reconocer los valores y los principios por los cuales deben regir sus vidas. Elí y sus hijos siguen siendo un ejemplo de un padre sin autoridad y que abandona el cuidado de sus hijos, así como de hijos que no honran a su padre, que no buscan de Dios, y que por lo tanto no valoran la herencia que él les podría haber dejado.

5. Porque tienen una lealtad mayor para su familia que para Dios.

Algunos padres se van del lado de los miembros de su familia al menor desacuerdo, sin tomar en cuenta si eso es correcto o no; les importan más sus hijos que hacer la voluntad de Dios.

«Y Bernabé quería que llevasen consigo a Juan, el que tenía por sobrenombre Marcos; pero a Pablo

no le parecía bien llevar consigo al que se había
apartado de ellos desde Panfilia, y no había ido
con ellos a la obra. Y hubo tal desacuerdo entre
ellos, que se separaron el uno del otro; Bernabé,
tomando a Marcos, navegó a Chipre».

—Hechos 15:37-39

Este es el ejemplo de Bernabé con Juan (Marcos), su sobri-
no, pues cuando Pablo buscó implementar la disciplina
después de que Juan abandonó un viaje misionero, Bernabé puso el lazo familiar por encima de lo que era correcto
delante de Dios, lo que finalmente causó una división entre
Pablo y Bernabé. Sin embargo, más tarde estos siervos de
Dios se amigaron y su relación fue restaurada.

«Si alguno viene a mí, y no aborrece a su padre, y
madre, y mujer, e hijos, y hermanos, y hermanas,
y aun también su propia vida, no puede ser mi discípulo».

—Lucas 14:26

Jesús dijo que si alguno no va en pos de él primero, no es
digno de ser su discípulo. Estudiemos en la Escritura algunos
ejemplos de transiciones generacionales exitosas de padres
a hijos.

❖ **Moisés a Josué: una exitosa transmisión de la
herencia generacional.**

Josué estaba constantemente en la tienda con Moisés buscando la presencia de Dios y asistiendo a Moisés en todo.

«Y se levantó Moisés con Josué su servidor, y Moisés subió al monte de Dios».

—Éxodo 24:13

Josué era obediente en todo lo que Moisés le pedía, nunca demostró el deseo de querer controlar a Moisés ni tampoco la actitud de que pudiera hacer algo mejor que él. La función de Josué era la de servir, aprender y recibir. Y fue solo en el momento de la muerte de Moisés cuando Dios mismo habló y estableció claramente su nueva posición (ser el sucesor de Moisés).

«Y Josué hijo de Nun fue lleno del espíritu de sabiduría, porque Moisés había puesto sus manos sobre él; y los hijos de Israel le obedecieron, e hicieron como Jehová mandó a Moisés».
—Deuteronomio 34:9

Después de la muerte de Moisés, Josué fue ungido y promocionado por Dios como el verdadero sucesor generacional para dirigir a su pueblo. En ese momento Josué comenzó el verdadero proceso de hacer entrar al pueblo de Israel a todo lo que Dios le había prometido, tanto a Abraham como a todas las generaciones venideras que están en la línea generacional de la promesa. Gracias a la transferencia generacional, él dio inicio a la tarea de llevar al pueblo a tomar posesión de la tierra prometida y de su herencia, comenzando donde Moisés terminó. Esta es la mayor bendición de una verdadera transferencia generacional.

¿Cuál fue el gran fracaso de Josué y de las siguientes generaciones?

Josué tuvo mucho éxito en creerle a Dios, en ser valiente y esforzado, y en obedecer a su voz; pero no tuvo un hijo espiritual ni tampoco un hijo natural que lo siguiera, como lo había sido él para Moisés. A la muerte de Josué, la nación entera cambió de rumbo, dejó de oír y seguir la voz de Dios, y entró en una apostasía horrible. La generación que vino después de Josué no tenía el deseo de buscar a Jehová, sino que escogió servir a otros dioses; no obedeció lo que él le había enseñado. Esta generación se comprometió con palabras, pero a la hora de los hechos traicionó sus palabras y se alejó del consejo de Josué.

¿Cuál fue el resultado de no haber una transferencia generacional?

La falta de un líder que estuviera comprometido con Dios, y de un pueblo que tuviera un deseo genuino de obedecer a Jehová después de la muerte de Josué, dio como resultado una generación rebelde, egoísta, que no estaba dispuesta a buscar a Dios ni su consejo. Josué no dejó un sucesor, y el castigo por el pecado sobre la nación fueron cuatrocientos años de esclavitud. Oremos a Dios que nos dé hijos para poder transferirles lo que tenemos. ¡Qué triste fue el fracaso de Josué! No hubo un hombre ni una mujer que quisiera la unción y la bendición acumulada en él.

¡Qué tristeza pensar que después de que nosotros partamos con el Señor vayan a quedar unos hijos e hijas entregados a la idolatría, sirviéndole al pecado, al sexo ilícito, a la droga y a la desobediencia porque nosotros como padres no les dejamos una herencia espiritual segura!

Tenemos que meditar fuertemente en este suceso. Cada uno de nosotros ore a Dios para que nos dé hijos espirituales y naturales que quieran recibir lo que tenemos de Dios para ellos. Oremos para que Dios les ponga hambre, pasión y deseo de buscar su presencia, para que reciban su herencia, y de esa manera, continuar traspasando y aumentando las bendiciones generacionales.

Una vez más podemos concluir que la única forma de transferir la herencia espiritual y material a nuestros hijos es por medio de la relación entre padre e hijo. Es la manera y el diseño de Dios que levantemos hijos espirituales sanos y maduros espiritualmente para que reciban una buena transferencia de la herencia generacional de sus padres.

Hay diferentes razones por las cuales se pierde la herencia espiritual. Algunas veces es por culpa del mismo padre, como en el caso de Elí; otras veces es por culpa de la madre, como fue en el caso de la esposa de Moisés. De igual forma ocurrió con la madre de Jacob cuando presionó y usó su influencia para que su hijo preferido, Jacob, recibiera la herencia de su padre con engaños. Otras veces la falta está en los hijos, como fue el caso de Uza, hijo de Abinadad, que terminó muerto por su falta de reverencia hacia las cosas de Dios.

En las Escrituras encontramos diferentes razones por las cuales la herencia espiritual de un padre no pudo ser transferida a un hijo, y como lo mencionamos antes, existen muchos casos donde la culpa ha sido de los hijos. Por ejemplo, Josué pensó que Acán iba a ser su heredero, por eso lo llamó hijo cuando se robó parte del botín que Jehová había dicho que no tomaran. Eliseo pensó que Giezi sería su heredero, pero debido a su codicia perdió su herencia al igual que Acán.

Eliseo tenía otro discípulo llamado Joás, que hubiera podido ser el heredero en lugar de Giezi. Pero Joás, a pesar de que conocía el lenguaje del hijo, no tenía la pasión ni el deseo de recibir lo que el padre tenía. Como resultado, Eliseo murió con toda la herencia natural y espiritual con él y sin nadie a quien poder transferirla.

¡Qué triste es esto! Lo mismo le ocurrió a Josué. Meditando en todo esto, hagámonos las siguientes preguntas que nos desafían: ¿Dónde están los hijos naturales y espirituales que tienen pasión y deseo por recibir la herencia de sus padres? ¿Dónde están los hijos que van a heredar el manto de unción de sus padres? ¿Dónde están los hijos que honran, obedecen y quieren servir a sus padres? ¿Dónde están los padres que tienen un corazón para dar e impartir lo que tienen a otros? ¿Nos iremos a la tumba con la herencia? ¿Quedarán nuestros hijos en bancarrota espiritual y material? ¿Qué cosas están a punto de robar su herencia?

Tenemos que meditar en nuestros caminos y empezar a tomar decisiones correctas que nos lleven a transferir la bendición de Dios de una forma eficaz. ¡Hijo, deja la codicia, pues el deleite temporal del pecado y los deseos de la carne te llevarán a perder tu herencia! ¡Padre, medita en tus caminos y en las decisiones que has hecho últimamente, pues estas afectarán a tus hijos! ¡Debes estar listo para transferir una herencia de bendición y la unción de Dios!

La ley de la
impartición paternal

En términos humanos es prácticamente imposible para un hombre hacer la obra de Dios por sí solo. A medida que crece la visión del reino aumenta también la necesidad de trabajar en equipo, y esto solo es posible transfiriendo lo que nosotros tenemos a otros que vienen detrás. De esta manera todos crecemos y juntos podemos establecer el reino de Dios, conectando a las generaciones y pasando los logros y avances de una generación a la otra. La manera correcta de transferir o pasar lo que tenemos y hemos recibido es por medio de la ley de la impartición. La impartición es un término apostólico, el cual es muy importante conocer, ya que nos permite entender que es necesario dejarle a nuestros hijos naturales y espirituales lo que nosotros tenemos. Si ellos reciben de nuestro mismo espíritu, pasión y experiencia, entonces nos ayudarán a realizar la obra de Dios, y de esta manera, también recibirán una herencia espiritual y material que los llevará a cumplir el plan y el propósito de Dios a cabalidad.

¿Qué es la ley de la impartición?

La palabra impartir significa dar una porción, compartir, repartir, dar una parte de conocimiento, sabiduría, gracia, dones, poder, autoridad o cualquier otra virtud, lo cual puede ser posible a través de una relación de padre a hijo. La impartición paternal es el resultado de la transferencia de vida y dones espirituales de una persona, la cual establece y afirma a las personas que la reciben.

> «Porque deseo veros, para comunicaros algún don espiritual, a fin de que seáis confirmados».
> —Romanos 1:11

La palabra comunicar es el vocablo griego *metadidomi*, que significa dar, compartir, impartir, distribuir, conceder.

El apóstol Pablo deseaba con todo su corazón ir a los romanos para darles, repartirles e impartirles dones espirituales. Él quería compartir con ellos conocimiento, sabiduría, gracia y mucho de todo lo que tenía dentro de sí mismo como apóstol, con el propósito de confirmarlos en el Señor. En este primer punto, podemos concluir que nosotros podemos transferir a otros lo que tenemos de Dios. La impartición es un misterio y un milagro del Espíritu Santo, el cual nos da la habilidad de dar a otros lo que tenemos.

> «Mas Pedro dijo: No tengo plata ni oro, *pero lo que tengo te doy;* en el nombre de Jesucristo de Nazaret, levántate y anda».
> —Hechos 3:6

> «Y habiendo dicho esto, sopló, y les dijo: Recibid el Espíritu Santo».
> —Juan 20:22

En conclusión, la impartición es un acto que una persona realiza cuando da un don o atributo a otra persona (don que él mismo ha recibido de Dios); por lo tanto, es parte de él y puede transferirlo a otros. Los apóstoles hicieron esto, y también lo hizo Jesús.

¿Cuál es el proceso de la ley de impartición?

El ámbito espiritual hace impacto con el ámbito natural, y cuando esto sucede, las virtudes espirituales son transferidas y las personas que las reciben son fortalecidas y activadas. Los dones son dados y la herencia es recibida. La impartición es una transferencia sobrenatural de un don, habilidad, cualidad espiritual, virtud, sabiduría, inteligencia; es una intervención directa del espíritu, que toma un don y reparte una medida de él a aquellos que lo piden.

La impartición surge de una virtud divina acumulada en la vida de un individuo, la cual es dada a otro que anhela recibirla.

El mayor desafío y la misión más grande que enfrentamos es transferir e impartir lo que tenemos de Dios a otras generaciones. Por eso es necesario santificarse, limpiarse y vivir una vida íntegra, ya que así como podemos transferir lo bueno, también podemos transferir lo malo.

¿Quiénes pueden impartir?

❖ Los apóstoles y los profetas, ya que son los que tienen el mayor grado de gracia para impartir a otros.

❖ Los hombres y mujeres que hayan acumulado una virtud divina a lo largo de sus vidas, sin importar la función o el don ministerial.

La clave es acumular virtud divina en nosotros, como lo hizo Abraham. Pero esto no es trabajo de un día o un año, pues a Abraham le tomó cien años acumular en su espíritu las virtudes divinas para las próximas generaciones.

¿Cuáles son las cualidades de aquellos que imparten virtud divina?

❖ Son hombres y mujeres que tienen una autoridad ganada por las victorias en la guerra.

❖ Son hombres y mujeres que tienen un don maduro y desarrollado.

❖ Poseen gran fe para impartir virtud y unción a la persona que está buscando crecer.

❖ Son individuos que fluyen en lo apostólico.

❖ Son hombres y mujeres que tienen un corazón de padre y madre.

❖ Son personas proféticamente sensibles.

❖ Son personas entendidas en los tiempos, que conocen el momento preciso para impartir de sus depósitos espirituales a otra persona.

Hay personas que tienen una gran unción para el ministerio, pero no tienen la habilidad de impartir.

¿Por qué ocurre esto?

Posiblemente esto es causado por la falta de habilidad de ciertos líderes para ver más allá de sí mismos o de su ministerio, o porque todavía no han recibido la revelación de lo que es el ministerio multigeneracional. Hay otros hombres y mujeres que imparten de forma incondicional debido a que están tan llenos de dones y de unción que la continua expresión de su llenura se da en la constante impartición. Por causa de esa fe, que es impartida al pueblo, este termina recibiendo todo lo que ese hombre o mujer tiene.

❖ Todos los hombres y mujeres que imparten poseen un corazón abierto y generoso para dar de lo que tienen. Es importante hacer notar que solo podemos impartir de aquello que tenemos y somos. Porque difícilmente alguien va poder impartir algo que no tiene.

❖ Los hombres y mujeres llenos de virtud también pueden impartirla desde el lecho de muerte.

¿Cuándo ocurre una impartición desde el lecho de muerte?

Cuando el hombre que la está impartiendo, al estar moribundo, ya no necesita esos recursos espirituales o naturales y los transmite por completo a otro para que continúe la obra de Dios en su mismo espíritu.

Una nota personal para los que imparten un don divino de Dios: Si yo tuviera poder para escoger entre dar a un hombre carácter divino y dones espirituales, escogería carácter. Pero como no tengo el poder para transferir ese carácter (amor, paciencia, mansedumbre, gozo, bondad, etcétera), ya que este se adquiere a través del trato con Dios, la sumisión y la experiencia, lo que se debe hacer es abstenerse de impartir a aquellas personas que rechazan poner su crecimiento espiritual como una prioridad.

¿Cómo ocurre la impartición?

La impartición puede ocurrir por diferentes formas y medios; recuerde que es una transacción espiritual (de espíritu a espíritu) entre dos personas. No es simplemente un entrenamiento o algo copiado, sino que se trata de absorber en el espíritu las capacidades espirituales de otra persona con la autoridad para ejercerlas como propias.

La impartición espiritual puede ocurrir por medio de libros, audio casetes, prédicas desde un púlpito, enseñanzas, el medio ambiente que nos rodea, las Escrituras, la imposición de manos, la profecía, objetos físicos, equipos de trabajo, la oración; también por medio de la fe, pañuelos o la ropa, por asociación y por influencia, entre otros.

La Palabra de Dios nos enseña algunos ejemplos de cómo ocurrió la impartición en otros para que podamos entender este concepto con más claridad.

❖ La imposición de manos

> «No descuides el don que hay en ti, que te fue dado mediante profecía con la imposición de las manos del presbiterio».
> —1 Timoteo 4:14

La imposición de manos fue el medio por el cual le fue impartido un don a Timoteo, discípulo fiel del apóstol Pablo.

❖ La profecía

> «Este mandamiento, hijo Timoteo, te encargo, para que conforme a las profecías que se hicieron antes en cuanto a ti, milites por ellas la buena milicia».
> —1 Timoteo 1:18

Timoteo recibió la impartición no solo por la imposición de manos, sino también por medio de la profecía.

❖ Los paños o trozos de ropa

> «De tal manera que aun se llevaban a los enfermos los paños o delantales de su cuerpo, y las enfermedades se iban de ellos, y los espíritus malos salían».
> —Hechos 19:12

La impartición era transferida por medio de la fe usando pañuelos. Esto era muy común en la vida de Pablo, y es algo que también hemos visto y comprobado en nuestro propio ministerio. Cuando una persona oye las enseñanzas y las predicaciones de un hombre, y lee sus libros, puede resultar recibiendo una impartición de este hombre, pues captura el espíritu de la persona que tiene la virtud espiritual. Sin embargo, existe un gran peligro en la impartición, ya que funciona como una ley espiritual tanto para lo que proviene de Dios como para lo que proviene de Satanás, debido a que él conoce muy bien los principios del reino. Es decir, que también podemos transferir lo malo a otros. Hay algunas transferencias demoníacas que pueden ocurrir al realizarse una impartición, por lo que es muy importante que, dentro de lo posible, la impartición se mantenga de padre a hijo. De no ser así, debemos tener mucho cuidado de quién nos imparte y qué es lo que nos imparte.

¿Quiénes pueden recibir impartición?

Si bien todos tienen el potencial de recibir impartición, desdichadamente no todos la reciben, pues para eso hay ciertos requisitos impuestos por Dios, que son los siguientes:

❖ Se requiere que las personas tengan una afinidad natural hacia el tipo de impartición que completará su llamado, ya que una persona solo debe recibir aquello que Dios tiene para su vida. ¡De manera que si usted encuentra a alguien que tiene algo de Dios que lo va a completar para cumplir su llamado, y está dispuesto a impartirlo, péguese a esa persona hasta que reciba la unción!

❖ Se requiere una actitud correcta de humildad para recibir la virtud de un padre espiritual.

❖ Se requiere que la persona que va a recibir la impartición tenga hambre, sed, necesidad y pasión de tener lo que su padre o madre espiritual tiene.

❖ Se requiere que los hombres y mujeres que van a recibir la impartición estén dispuestos a recibir con ella la responsabilidad de pagar el precio de lo que esta requiere.

Es importante mencionar también que se deben tener expectativas reales, pues usted no será cambiado de la noche a la mañana simplemente porque alguien le imponga las manos y le transfiera de su virtud espiritual. El corazón debe ser probado antes de que Dios le confíe nuevas imparticiones. Algunas veces se recibe la impartición, pero desarrollar el don puede tomar muchos años. Puede ser que después de haber recibido la impartición haya un desarrollo progresivo del don. Por lo tanto, manténgase dispuesto a los cambios que se le pidan y obedezca a Dios.

¿El porqué de la impartición?

La impartición tiene dos propósitos principales:

❖ **Producir hijos espirituales.**

Si no impartimos lo que tenemos, nunca levantaremos hijos espirituales, y la acumulación de virtud morirá con nosotros, como murió con Eliseo. Tanto los hijos espirituales como los hijos naturales son un regalo y una bendición del Señor. No todos los hijos espirituales, al igual que en lo natural, tienen la misma medida de llamado y destino, por lo tanto es normal que reciban diferentes medidas de impartición. Tal parece que no hay otro motivo para esto, excepto que el Señor dispone que algunos tengan más que otros.

La pasión de Jesús fue entregar su vida, darla con el propósito de producir más hijos para su Padre celestial. Esta debe ser la misma actitud en el corazón del padre o la madre espiritual de hoy; su vida debe estar enfocada en el propósito de lograr la multiplicación de los hijos espirituales para el reino de Dios.

❖ **Transferir la herencia a los hijos naturales y espirituales.**

Nuestro trabajo como padres o madres no es solo producir hijos, sino también darles su herencia de parte de Dios. Uno solamente puede darles a los hijos espirituales y naturales de lo que tiene, pues no se puede dar lo que no se posee. Por esto, debemos llenarnos de Dios, buscar su presencia y alcanzar mayores niveles de intimidad con él. Así podremos trasmitir todo lo que recibamos y enriquecer a la próxima generación. Nuestro deber es sembrar nuestras vidas en hijos que tengan corazones receptivos, hijos que tengan un ADN similar. Si ya los tiene, siembre en ellos sus dones, sus palabras, su dinero, etcétera.

Por lo general, sus hijos e hijas espirituales serán destinados para un ministerio similar o igual al suyo.

Imparta a la próxima generación para que esta continúe la obra y la visión que usted comenzó. Sin embargo, en esta impartición, sea cauteloso y celoso de lo que Dios le ha dado, pues hay muchos que desean ser hijos e hijas, y usted necesitará la sabiduría divina para discernir cuáles son los hijos que Dios le ha dado y cuáles no. ¡No tire perlas a los cerdos!

❖ **La impartición es necesaria.**

A medida que la obra crece y la transferencia generacional aumenta, si se hace de la forma correcta, asegurará que el trabajo de Dios nunca se detenga. Aunque esto también será de acuerdo al compromiso y entrega de cada generación.

Eliseo, estando ya enfermo y a punto de morir, se dio cuenta de que no tenía un heredero, ningún hijo natural o espiritual que recibiera la herencia, entonces buscó impartirla en el rey Joás, el cual llamaba a Eliseo «padre mío».

> «Estaba Eliseo enfermo de la enfermedad de que murió. Y descendió a él Joás rey de Israel, y llorando delante de él, dijo: ¡Padre mío, padre mío, carro de Israel y su gente de a caballo!»
>
> —2 Reyes 13:14

No obstante, Joás no estaba convencido de que en realidad Eliseo fuera su padre. Conocía el lenguaje que usaría un hijo, pero su corazón estaba lejos de tener la pasión y el anhelo de continuar la obra de Eliseo, de recibir el manto de la unción del profeta. Joás, al igual que Giezi, no valoró lo que Eliseo le podía impartir, tampoco tuvo una revelación de lo que era ser un hijo, por lo tanto, falló en recibir la impartición espiritual y Eliseo se fue a la tumba con ella.

> «Y murió Eliseo, y lo sepultaron. Entrado el año, vinieron bandas armadas de moabitas a la tierra. Y aconteció que al sepultar unos a un hombre, súbitamente vieron una banda armada, y arrojaron el cadáver en el sepulcro de Eliseo; y cuando llegó a tocar el muerto los huesos de Eliseo, revivió, y se levantó sobre sus pies».
>
> —2 Reyes 13:20,21

Había tanta unción almacenada en el cuerpo de Eliseo que estando ya sepultado fue capaz de revivir a un muerto. ¡Qué triste es pensar que en la generación de Eliseo no hubo nadie, ningún hombre, que tuviese la pasión y el deseo de recibir lo que este profeta de Dios tenía! ¡Cuántos miles de personas se quedaron sin ser bendecidos porque no hubo alguien que se atreviera a buscar y recibir esa herencia!

Una bendición generacional es recibida por un hombre cuando la busca y la persigue con pasión.

Por ejemplo, Jacob valoró su progenitura más que todas las riquezas que tenía a su disposición. Él conocía el valor de esa herencia y no se detuvo hasta conseguirla.

Como conclusión final acerca de la impartición, hay que recalcar que los padres debemos acumular virtud divina para después impartirla a aquellos que tienen hambre y sed de llegar a su destino. Hay una generación apostólica que se está levantando, que entiende la función de la impartición; hombres que están llenos de autoridad, maduros, sensibles a la voz del Espíritu Santo, que están impartiendo dones, conocimiento y sabiduría por medio de libros, audio casetes, discos compactos y enseñanzas. Están transfiriendo lo que han recibido del Señor a aquellos hijos hambrientos y sedientos de la revelación divina, hijos humildes, cuyos corazones están dispuestos a recibir su herencia en Dios. Y al recibir su impartición y su herencia, ellos, a su vez, comenzarán a acumular virtud y experiencia para a su debido tiempo transferir esa herencia a las próximas generaciones a través de una relación de padre e hijo. Recuerde que no es suficiente con estar cerca del hombre o la mujer de Dios, sino que también hay que tener pasión y anhelo de tener lo que él o ella posee. Puede que haya un grado de impartición en una relación ministerial, pero el mayor impacto y la mayor transferencia de bendición ocurrirán cuando se produzcan dentro de una relación de padre e hijo. ¡Amén!

Bibliografía

Biblia de Estudio Arco Iris, versión Reina-Valera, revisión 1960, texto bíblico copyright© 1960, Sociedades Bíblicas en América Latina, Nashville, Tennessee, ISBN: 1-55819-555-6.

Biblia Plenitud, versión Reina-Valera, revisión 1960, ISBN: 089922279X, Editorial Caribe, Miami, Florida.

Bork, Arthur, *Relentless Generational Blessing*, Plumbline Ministries, P.O Box 3586, Wittier CA 90604, ISBN: 1-931640-02-5, febrero de 2003.

Diccionario Español a Inglés, Inglés a Español, Editorial Larousse S.A., impreso en Dinamarca, número 81, México, ISBN: 2034202007, ISBN: 70607371X, 1993.

El Pequeño Larousse Ilustrado, 2002 Editorial Spes, S. L. Barcelona; Ediciones Larousse, S.A. de C.V., México, D.F., ISBN: 970-22-0020-2.

Expanded Edition the Amplified Bible, Zondervan Bible Publishers, ISBN: 0310951682, 1987 —Lockman Foundation, USA.

Hanby, Mark Dr. con Craig Lindsay Ervin, *You Have Not Many Fathers*, 1998, Destiny Image Publishers Inc., P.O Box 310, Shippenburg, PA 172570310. ISBN: 1-56043-166-0.

Reina-Valera 1995, edición de estudio, Estados Unidos de América: Sociedades Bíblicas Unidas, 1998.

Santa Biblia 1960 (citas bíblicas). ©Sociedades Bíblicas Unidas.

Strong James, LL.D, S.T.D., *Concordancia Strong Exhaustiva de la Biblia*, Editorial Caribe, Inc. / Thomas Nelson, Inc., Publishers, Nashville, TN Miami, FL, Estados Unidos, 2002. ISBN: 0-89922-382-6.

The New American Standard Version, Zondervan Publishing Company, ISBN: 0310903335.

The Tormont Webster's Illustrated Encyclopedic Dictionary. ©1990 Tormont Publications.

Vincent, Alan, *Outpouring Ministries*, San Antonio, TX 78229.

Vine, W. E., *Diccionario Expositivo de las Palabras del Antiguo Testamento y Nuevo Testamento,* Editorial Caribe, Inc./División Thomas Nelson, Inc., Nashville, TN, ISBN: 0899224954, 1999.

Ward, Lock A, *Nuevo Diccionario de la Biblia*, Editorial Unilit, Miami, Florida, ISBN: 07899-0217-6, 1999.

DISFRUTE DE OTRAS PUBLICACIONES DE EDITORIAL VIDA

Desde 1946, Editorial Vida es fiel amiga del pueblo hispano a través de la mejor literatura evangélica. Editorial Vida publica libros prácticos y de sólidas doctrinas que enriquecen el caudal de conocimiento de sus lectores.

Nuestras Biblias de Estudio poseen características que ayudan al lector a crecer en el conocimiento de las Sagradas Escrituras y a comprenderlas mejor. Vida Nueva es el más completo y actualizado plan de estudio de Escuela Dominical y el mejor recurso educativo en español. Además, nuestra serie de grabaciones de alabanzas y adoración, Vida Music renueva su espíritu y llena su alma de gratitud a Dios.

En las siguientes páginas se describen otras excelentes publicaciones producidas especialmente para usted. Adquiera productos de Editorial Vida en su librería cristiana más cercana.

LIDERAZGO
CON PROPÓSITO

AUDIO LIBRO

0-8297-4895-4

En estos doce capítulos acerca del liderazgo, el pastor Rick Warren examina la vida y el ministerio extraordinario de Nehemías, esbozando importantes puntos de vistas y analogías acerca de lo que conlleva el tener un éxito rotundo en la conducción de las personas a través de proyectos difíciles.

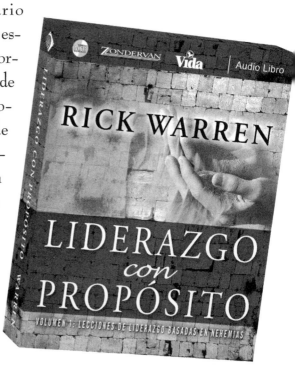

Una vida con propósito CD

Estas grabaciones ofrecen las pautas a seguir para llevar una vida cristiana en el siglo veintiuno... un estilo de vida basado en los propósitos eternos de Dios, no en los valores culturales. Usando más de 1,200 citas bíblicas y referencias a las Escrituras, las mismas ofrecen un reto a las definiciones convencionales de adoración, comunión, discipulado, ministerio y evangelismo.

0-8297-4535-1

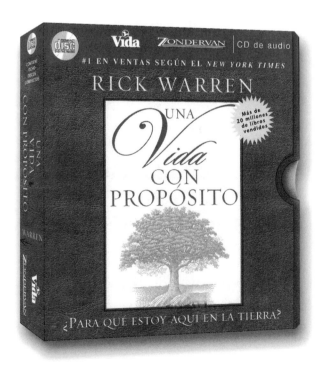

Nos agradaría recibir noticias suyas.
Por favor, envíe sus comentarios sobre este libro
a la dirección que aparece a continuación.
Muchas gracias.

DEDICADOS A LA EXCELENCIA

Editorial Vida
7500 NW 25 Street, Suite 239
Miami, Florida 33122

Vida@zondervan.com
http://www.editorialvida.com